U0123389

命理與人生121

尋找財神

了無居士◎著

目錄

〈序〉
按圖索驥，免了憨工……007

【卷一】
帕華洛蒂……014
誰是蓋茲……021
福星高照……031
等待財神……043
英雄豪傑……055
富比陶朱……064

兩榜出身……074
繁華落盡……085
橫財致富……092
通靈大師……100

【卷二】

過路財神……108
財官雙美……118
天生富命……126
落井下石……135
慈善家老闆……147

靈性境界……155
王者之風……165
八大行業……174
英雄淚……186
財神駕到……196

【卷三】

姜太公釣魚……208
無殼之憂……218
購屋置產……225
指鹿為馬……235

誰來抬轎子……245
滾石不生苔……263
浮華世界……277
來世發財……292
遺產致富……304
丐幫長老……321

【附錄】

了無居士著作一覽表……345

福星高照

商人在錢堆中打滾，將本求利，錙銖必計，談的都是生意，見的都是鈔票，久而久之就會覺得只有投資理財才能代表人生，這輩子除了努力累積財富、享受物質的歡愉外，沒有別的事物值得追求。好友老周無疑的就是這樣的人，他靠建築起家，財物累積驚人，沒有十億也有五億，讓我們這些好友羨慕得要死。不過有一天他偷偷告訴我：「賺錢這種事在某個階段還有一些意義，達到一個程度後，意願改變，價值頓失，完全不是那麼一回事了。」

他話中有話，我不太能夠了解。他於是換個角度說：「我現在只看報表，這個月比上個月、這季比上季多幾個零或少幾個零；這就是我的人生。」

人生必須經歷一些困苦的階段，好像蛹化蝶一樣，美麗不會憑空而得。所謂「某個階段」指的是初出茅廬，辛勤工作，所得微薄，於是視金錢為無上寶物。俗話說，「錢有兩戈，殘害多少英雄好漢」，果然血跡斑斑；現在有錢了，不再覺得金錢有多重要，從前那種看法有點幼稚。

一些朋友賺錢的本事極高，通常也不把錢看在眼裏，尚未養成節儉的習慣，因此盡情揮霍，每天流連聲色場所，夜夜笙歌，令人稱羨。例如有人殺到拉斯維加斯豪賭，一夜之間，五百萬美金輸光光，面對別人的質疑，他們臉不紅氣不喘答道：「錢是給人花的，對不對？我就算不賭錢，也會花在別的地方；花光了再賺就有，就怕你沒本事。」這番話擲地有聲，質疑者只好閉嘴。不過別忘了賺錢除了需要本事之外，還要一些際遇，也就一般熟知的福報，當福報用罄時，想要再賺，抱歉，沒有啦。

台灣俗諺說，「人兩腳，錢四腳」，憑著兩隻腳去追四隻腳，好像徒步追逐汽車一樣，一輩子也追不上，因此懂得理財的人絕不單靠微薄的收入就想累積財富，那不知要等到何年何月；他們多半透過銀行的資金，幾百萬、幾千萬甚至幾億萬，買個大網，把網撒出去，等著大魚進來，因此短者三五年、長者七八年內擁有龐大資產，然後迅速擴充，締創一個龐大的事業王國。

武曲 破軍 右弼 癸巳	太陽 天鉞 甲午	天府 乙未	天機 太陰 陀羅 火星 命宮 丙申
天同 財宮 壬辰	男命 辛卯年六月×日亥時 火六局		紫微 貪狼 鈴星 左輔 丁酉
文曲 辛卯			巨門 祿 擎羊 地劫 戊戌
天魁 遷移宮 庚寅	廉貞 七殺 辛丑	天梁 地空 事業宮 庚子	天相 文昌 忌 己亥

「巨商富賈也會請教命理嗎？」

「這點你就外行了，他們比你我這些nobody更信命。」我說：「不過都是事業穩定或事業失敗後，才在識途老馬的推介下找人批算，在此之前，他們每天忙翻了，有開不完的會、出不完的差以及吃不完的飯局，哪裏騰得出時間聽術士吹牛。」

■

傳統命理指出，空劫帶凶，性喜劫奪財物，讓人無緣無故耗散財物，對生意人的殺傷力尤烈，命見空劫，經商註定失敗。不過「這種說詞相當空泛，缺乏實證的基礎，難辨眞假。」其眞與假仍然可以輕易辨識出來；，因爲那是在基本星曜上固定了吉凶，等於一種定命思想；蓋無須了解宮與星的關係，也不必推論，反正命宮坐照什麼星曜，就可以驟下定論，乾淨俐落，一點都不擔心拖泥帶水。

這個朋友姓林，他希望別人叫他小林，感覺起來年輕一些。他的能力雖然平庸，也沒什麼傲人的家世，卻擁有一項高超的能力，哪種行業可能大賺，哪種只會血本無歸，他思考三秒鐘，答案立現。他問我一事：「從前隨便打個電話給客戶，就有十幾二十萬進帳，這是怎麼一回事？」我供認對此一無所知。「別客氣，隨便說一個。」「勉強地說，那是福報使然。不過福報好像存款，總有用罄之時，當福報盡了，運程再好，仍舊枉然，例如目前的壬辰大限雖是一步如假包換的財運，他老兄依舊苦哈哈，不由得你鐵齒」。有些朋友甚不以爲然：「當命理無法解釋或當你們這些人詞窮時，福報祭出，詢問者立刻落荒而逃。」我承認語言過度簡略，無法圓滿解釋他的疑惑，命理畢竟有它的侷限性，無法瀰天蓋地，蓋一旦逸出共性的範疇，保證什麼都看不到；福報屬於一種特性，即使雙胞胎，福澤有差，命運互異，非常奇怪。

爲柔和，只宜循序漸進，試圖一飛沖天，反而摔得鼻青臉腫。相對的說法是，在這種運勢中如果急需賺錢買米下鍋，那麼就會窘態畢露。

結構柔弱，不必然帶來災禍；吉凶仍由祿忌決定。天梁化祿於子，財宮也，跟前限稍有不同，這是一個如假包換的旺財運，重心在財，積極營運，成功率高。武曲化忌於巳，父母宮也，則不一定肇致什麼災禍，蓋那只是一個無法推論的宮位。

「走了財運又正在營商，理應得財，這是命理一貫的主張嗎？」

「不錯。」

「沒有例外嗎？」

「既是推論，就不可能全準。」

「這種例外又是如何產生的？」

內情必然相當複雜，三言兩語說不清楚；大致上說，財運雖佳，仍要呼應，也就是經商做生意，有了實際的行動，才能順利獲財。不過投機行業的成敗均在一瞬之間，命理掌握不到，事實上命理的作用也不在此，得財失財，與命理結構固無涉也。

世俗認爲，走財運就會有財進帳，我們必須指出那只是誤解命理的功能。出家人六根清淨，走了財運照樣得不到財。小林反駁說：「就算托缽，化到的食物也會豐盛一些。」沒有那回事；佛律規定托缽不得超過七家，阿羅漢已斷生死煩惱，但是化不到食物而餓肚子的比比皆是。財運指某個階段的運勢很強，適合求財，但是命理顯示的只是內心世界變化的軌跡，財運好不等於立刻可以得財，賺錢買米下鍋。

■

一般而言，好運顯示了此時的心境樂觀、穩定而且自信，判斷事情的成功率高；相對而言，失敗率較低，就算遭遇困難，也極易處理，不致變成一個障礙。不過有些人喜歡出奇制勝（逆勢操作），故意不按牌理出牌，偶爾確能超越前進，加倍獲利，但別忘了下險棋也有缺點，蓋一步錯著，全盤皆輸，就會兵敗如山倒。在這種運程中一旦積下債務，往後的日子就難過了，因爲沒有好運可走了。

辛卯大限命無主星，乍看即知弱勢，無星則弱，那是內心空虛，普受外境左右，思想游移。但是紫府廉武相星群畢竟壯闊，承擔力足，可以發揮一下。林桑單刀直入：

「這是一步好運嗎？破財的機率高嗎？」

「當然很高。」

「爲什麼？」

先天結構巨門化祿於福德宮，志在開闢財源，讓財物通於四海；此限巨門化祿於疾厄宮，這是一個不能討論的宮位，無論吉凶，似乎都掌握不到。「同樣的祿進入不同的宮位，居然產生不同的效應，這是怎麼一回事？」那是一定的；他喘了一口氣，然後說道：「文昌本來化忌於田宅宮，現在化忌於財宮，如何確定吉凶關係？」我說我的腦筋突然秀豆，也被搞亂了。

健康的事應找專業醫師問診，他們才是專家，問命有如問道於盲，萬一延誤病情，那就註該倒楣。所以此宮無論逢祿或者逢忌，吉凶的作用都不顯著；財宮見忌則在三方之內，屬於直接感應，一旦牽引，財物就會動盪，造成進財困難，破財卻易的現象。由此觀之，這是一步劣運，對生意人尤其帶來重挫，不宜小覷。

「可能被債主逼門，走投無路嗎？」

「這是一個外境的遭遇，如果老兄都掌握不到，別人又如何去猜測呢？」

那畢竟只是個人的偶遇，也許眞實存在，也許只是想像，自已嚇自已而已。命理只能處理共性，也就是同命者都會發生的事情。欠債還錢，天經地義，跑路躲債，只是圖一時之便，後患無窮也。台灣社會的信用制度尚未建立，沒有人把信用當做一種榮譽，更遑論視爲「第二生命」了，所以社會上瀰漫著一股惡性倒閉的歪風，許多老闆捲款潛逃國外，等風聲平息了偷偷回來，然後擇吉開創更大的公司，擷取更多的社會資源，如此這般，就有「愈倒愈大」的怪事出現，在外國人看來，委實覺得不可思議。

晚年時刻不再求財，不去呼應那個牽引，才算趨吉避凶之道。

太陽 鈴星 左輔 辛巳	破軍 地劫 壬午	天機 祿 癸未	紫微 天府 天鉞 命宮 甲申
武曲 擎羊 火星 地空 財宮 庚辰	女命 乙卯年二月×日未時 水二局		太陰 忌 右弼 乙酉
天同 文昌 己卯			貪狼 丙戌
七殺 陀羅 遷移宮 戊寅	天梁 己丑	廉貞 天相 天魁 事業宮 戊子	巨門 文曲 丁亥

有人問道：「我去經商好嗎？」

術士答說：「財宮煞星盤踞，沖破論，財來財去，可能破產。」

上述問答顯然多半對準了不求甚解的顧客，他們就算不問命，也會去求籤，兩個聖杯在手，問的也是**yes**與**no**。有幸獲得術士的讚許或抽到上上之籤，大喜過望，回去後焚香沐浴，等待財神爺蒞臨。其實光在命盤上搜尋，找到的永遠只是一些片斷。一個企業的成敗或一個投資案能否賺錢，通常還要考量其他的條件，這類條件很多，綜合起來，詳細研判，多少有點概念；只據命宮諸星就想探究命運的眞相，斷無此可能。

紫府雙帝坐命，結構壯闊，氣勢非凡，確實能夠成大事、立大業；不過斗數論命還要其他條件的配合。從星曜結構著手，觀其強弱，看出優劣——帝星坐照者需見輔弼，但是輔弼遁形，因此這兩個帝星都是孤君，顯示性格孤獨，難以合群，擅長單打獨鬥而無法群策群力，這些都是無力改善的缺點。「優點呢？」任事負責，說一是一，就算失敗，也不會推諉塞責，殃及無辜。

財宮相當精采，諸煞擠入，這些煞星不但不以沖破論，反而激起鬥志，是她們積極奮起，攻獲財利的原動力；僅憑此宮的架式即知可以驟發，積極求財，又遇旺運協助，若不發財，太上老君都會不答應。從另一個角度說，既然具備致富的條件，剩下的是何時、以何種方式致富而已；不過有人堅認財宮見空，危機早伏，好像一顆不定期炸彈，化忌前來牽動，引爆雷管，必將劫奪財物，資產一夕轉頭空。

「此說不無可能。」

「何以見得？」

英雄豪傑

一個人有十年好運可走，從此積極進取，獲致利祿，願望達成，不再有什麼憾事，這是多數人的想法。有人懷疑好運必須符合行業的性質而不能衝突，才算全吉，例如「我目前從事成衣行銷，衣服由植物做成，五行屬木，如果大限走到金運例如申酉這種宮位或武曲、七殺這種星曜，金剋木，其吉將被抵消，賺來的錢轉手成空。」

「那種說法純屬以訛傳訛，沒有認知的意義。」上述只是一些江湖派門的祕傳，夫子自道，禁不起經驗的檢證，不能成爲一門學問也。

從歷史的方向看，英雄豪傑都是稀有動物，一個世紀也許才出現一兩個，他們力拔山兮氣蓋世，開疆闢地，抵禦外侮，爲社稷奉獻甚至犧牲性命，從此萬古流芳。在現實人生中，他們參與名利徵逐，渾身解數，不過出類拔萃的人畢竟少數，經過如此折騰，通得過檢證的有如鳳毛麟角。因此在某個行業中崢嶸頭角，需要長時間的規劃，然後三

天同 陀羅 己巳	武曲（祿） 天府 右弼 庚午	太陽 太陰 擎羊 辛未 命宮	貪狼 火星 左輔 天鉞 壬申
破軍 戊辰	女命 己亥年五月×日亥時 土五局		天機 巨門 鈴星 癸酉
文曲（忌） 丁卯 財宮			紫微 天相 地劫 甲戌
廉貞 丙寅	丁丑 遷移宮	七殺 地空 天魁 丙子	天梁 文昌 乙亥 事業宮

更燈火五更雞地經營，獲致一些名利，告慰江東父老。

如果只是一個單純的家庭主婦，相夫教子，那麼朱小姐就不必到處找人算命了，蓋好運歹運、吉運凶運，均不呼應也。丈夫在一家機械廠擔任廠長，月薪十萬上下，生活開銷和子女教育費綽綽有餘，生活無慮。所謂人比人氣死人，她看到同學和好友在各行各業中發揮長才，有名有利，難免怦然心動。

她問：「甲戌大限坐紫微、天相可以創業嗎？」

我說：「當然可以。」

「如果我經營一個店面，成敗的機率各有多少？」

「不清楚；經營的成敗牽涉其他的外境條件，非命理所能預測。」創業是一件重大的抉擇，不能全部交給大限單獨處理，我們必須回頭探查先天結構，衡量基本命局的優劣。許多人都在問：「行運中事事都要回顧先天的命格嗎？」答案是「偶爾要」，遇到重大的改變時才要斟酌先天是否具備了。

她笑道：「既然如此，我幹嘛要算命？」

「若無疑惑，何必多此一舉。」我說：「既然問命，那就要從整個命運的興衰著手，仔細辨別星曜結構的優劣、目前行運的得失，而非只是計較一些殘片斷簡。」

她於是不再答腔。

命宮在未，太陽、太陰坐守，太陽屬於巨日星群、太陰屬於機月同梁星群，兩種星群重疊，顯示她們具有兩種生長曲線，帶來兩種不同的人生，一明一暗或兩皆明暗，呈現於生命歷程中，成爲思想觀念、行爲舉止的依據。

㈠遷移宮在丑，空無一星。

㈡財宮在卯，內無主星。

空宮主弱，這兩方面的承受力顯有不足，缺乏自主性，擁有的數量也不會太多。她問：「發達的機率高嗎？」仍然很高，因爲空與弱均不礙成就。財宮的弱讓她無力承受大量的物質；遷移主外緣，與人交往也不自在。把財與遷移連結起來，不就是一幅「出外求財，難稱適當」的景象嗎？

昌曲都是輔星，斗數的輔星參與化忌者唯此二星，台灣的術士都說昌曲象徵文書，化忌後就有筆墨官司，纏訟經年，勞民傷財；其實那只是生呑了星曜的原始屬性，與現代人的理念格格不入。忌入財宮，受創的是財物，穩定備受干擾，與人金錢來往，經常遭遇不測。

趨吉避凶的不二法門就是避開求利，不去呼應化忌散發的負面效應，那麼就不虞造成破財、損財以及各種財務糾紛的困境。她說：「我不求財而改去散財，例如捐款助人或到寺廟、慈善機構做義工，是否另當別論？」那是當然的。外在三個宮位唯事業宮見

到主星（天梁），多少承擔一點事業，求名才算穩當。命局至弱，自無輕舉妄動的理由，否則只會增加勞碌，就算有所得，不過是挖東牆補西牆。

■

功利社會每人對錢財都是心嚮往之，放棄求財，等於放棄物質享受，那是一件殘忍的事。朱小姐說她其實是被逼上梁山的：「幾個同學湊了一些錢，原先說好我們要一起做，沒想到她們臨陣脫逃。」無論如何，槍聲已響，不能不往前衝去，於是咬緊牙根硬拚，成敗的事暫時放在一邊。

成功絕非偶然，企業家的心路歷程包含了坎坷、挫敗、辛酸與無數個失眠夜晚的煎熬，許多人發現命運弄人，明明可以成就事業，卻因一個錯著，全盤皆輸，從此一蹶不振。一切歸諸於命運，固然免傷腦筋，不過做人沒有尊嚴，所以接受的人不多。

甲戌大限是個強運，紫府廉武相結構壯觀，弱命走強運，處事待人從此積極樂觀，許多人亟待趁此好好發揮一下。朱小姐說：「坐紫會府，財宮見祿，顯然一步吉運。」該祿由是先天化出，行運後刪除；帝星坐照不保證獲利，也不保證脫災離險，否則也是一個死法。右弼來朝，格成君臣慶會，親和力夠，得以廣結善緣，成就應該不差。

不過運程強勢不等於成就卓越，正統命理對各種事項的推論有些規範，運強表示此時心境樂觀，力爭上游，即使偶遇困境，也會勇於克服；後者除自身的條件外，尚須外境配合，變數很大，很難掌握——強勢與吉凶概指兩事，其間仍有一段距離。

朱小姐隔壁有個中學老師學過易經，對八字、斗數也有相當的涉獵，他說這步甲戌大限才是一生最佳鴻運，積極發展，致富何疑。「道理何在？」他說：「坐紫會府，右弼來照，貴人鼎力相助，自然吉祥如意。」這種說法理論上不錯；不過星曜本身只能顯示強弱，吉凶要由祿忌決定，星曜條件再好，都不能喧賓奪主。

(一)廉貞化祿於寅，事業宮也；化祿在此，與事業有關的經營、執行和開拓都將順利達成，十年生聚教訓下來，成就卓越，不在話下。

(二)太陽化忌於未，子女宮也；缺點很清楚，親子關係發生困難，溝通不易，常生齟齬，動輒得咎，造成親情間的疏離，無法改善。

由此觀之，這是一步事業佳運，內心從此振奮，希望在事業上成就，整個大勢對事

業經營有利；不過她的目標在財，只有求財之事才能讓她費心，那麼只能發揮到次優點。所幸化祿斜照入財，仍為求財帶來些許的助力。

技術服務業重點在事業，財物隨後獲取，那麼情況可能稍微改觀，蓋由事業帶動財利，符合運程的走勢，業績蒸蒸日上，帶來可觀的財利。服務業分為兩種，一種是技術服務業，帶有特殊專長，具有排他性，一種只靠嘴巴和勤快，前者的成就當比後者高些。事業運好表示此時內心振奮，精神抖擻，只要努力，必有所得，兩全其美也。

「忌入子女宮，子女有難嗎？」

「災難不會顯示在命盤上，故不虞發生什麼禍事，包括子女本身的災難。」我說：「就算發生了什麼事故（亂世中豈能指望無災無難），也與命理無關。忌入子女宮，大概忙於事業而疏於照顧子女，造成親子關係的疏離吧！」

■

假設經營不善或其他因素而發生財物困頓，急需資金挹注，那麼進入乙亥大限後，整個局勢急轉直下，一個柔弱的環境，想要振衰起敝，恐怕有點時不我予之嘆。機月同梁跟先天結構大同小異，故性格柔和，只能按部就班，逐步擴充；兩宮無星，一在事業，一在福德，前者事業承擔不足，後者財路開拓不足，在這兩方面用心，就會有種無力感，十年之內，無力改善。

對事業而言，空宮無力承擔重任，創業或改行無疑的都覺得十分困難，能免則免；趨避之法無非就是維持現狀，蓋一動不如一靜也。

天機化祿於酉，夫宮也，夫妻宮不在三方之內，吉祥未能直接感應；但它畢竟照到事業，間接帶來一些助力。財宮的情形就遜色得多了；太陰化忌於未，財宮也，化忌直接對財施虐，形成一步典型的破財運，進財困難，破財卻易，不能不提防也。

運程見忌凶而不逢祿吉（化祿只是間接照耀），跟前限恰恰相反，前運嚐鮮，生活十分愜意，此後只能餐風宿露；易言之，劣績終於暴露出來，前程有阻，當然不妙，蓋感受到的只是挫折，碰來碰去，都是牆壁，豈能輕安。

「夫宮化祿此時還有作用？」她問：「我若不再工作而讓丈夫養我，可乎？」

「那當然；化祿於此，將把重心放在婚姻（家庭）的經營上。」

夫妻宮象徵一種婚姻的對待關係，此後她將在婚姻或家庭的經營上用心，花費的時間一定不少，假設婚姻確實幸福美滿，無形中也會安定事業；反之婚姻有敗，該祿就被銷耗掉，不再照耀事業了，那麼這種吉就會似有實無。

總而言之，二十年的化祿都跟事業結下不解之緣，卻吝於照顧財物一下，所以這種運程若說有點虧，那顯然是針對求財而說的——整副精神放在求財上，當然不能算一步好運；必須從事業的方向發展，讓事業帶動財物，才算圓滿。因此她必須發展事業，如果執業的意願不高，想要得財，玉皇大帝就會跟他作對。

富比陶朱

策士范蠡幫助越王勾踐復國後，並未戀棧名位，而是帶著西施千里迢迢跑到南方，改變身分，做起生意來，憑他那高超的智慧，卓越的市場行銷原理，幾年之內就發了大財，腰纏萬貫，頓成一個巨賈，成語「富比陶朱」的陶朱就是范蠡。經商做生意，目的當然是賺錢，這個世界絕無一個商人不想賺錢，否則他大概只能做個慈善家，每天賑災救貧、造橋鋪路，散盡家財，沒有龐大的資產挹注，幾年之內就會一文莫名。

一家公司草創之後積極營運，夙夜匪懈，一年後的活存率多少，猜得出嗎？在日本這種高度發展的社會，只有百分之五，也就是一百家公司行號在翌年只有五家能夠繼續營業。「在台灣呢？」我手邊沒有統計數字，不得而知；聯電老闆曹興誠先生今年五月初在台大演講，他說的數字也是百分之五。大概的情形是，愈是困難重重就愈有人前仆後繼，顯示商人都充滿了美國西部拓荒的精神，一路挺進，視死如歸。

太陽 丁巳	破軍 擎羊 宮移遷（遷移宮） 戊午	天機 忌 天鉞 己未	紫微 天府 地劫 宮財（財宮） 庚申
武曲 陀羅 宮業事（事業宮） 丙辰	男命 戊戌年八月×日酉時		太陰 辛酉
天同 右弼 乙卯	金四局		貪狼 祿 火星 壬戌
七殺 地空 甲寅	天梁 文昌 文曲 天魁 乙丑	廉貞 天相 鈴星 宮命（命宮） 甲子	巨門 左輔 癸亥

台灣是個孤島，島國的民族性相當特殊，私慾極強，短視而善妒，見不得別人比自己好，所以凡事都要爭一爭，你創一門市，我就設一公司，你做全島連鎖店，我就開跨國公司，誰也不服誰。所以兩個陌生人見面，掏出名片，一邊是董事長，一邊是總裁，勢均力敵，無分軒輊，成爲一種奇特的社會景觀。

但是台灣的社會秩序尚待建立，官商勾結、利益輸送以及五鬼搬運等不法情事十分嚴重；此外經由巧取豪奪、金光戲法累積財富的情形更是層出不窮，因此只有自由而無紀律，中央政府擔當不足，無力改變現狀。許多企業家迅速累積財富，看得夥計人人眼紅，心想「王永慶何人也，蔡萬霖何人也，有為者亦若是」，於是標個會或抵押房子，弄到一點資金，就敲鑼打鼓開起公司來。

老張原先在一家建設公司做現場監工，兩年後升為現場主任，深受老闆器重。三十四歲那年，他跟兩個朋友跳出來開創建設公司，小本經營，跑到鄉下蓋了一批透天厝，因為景氣熱絡，四年就賺進了幾千萬，等於三個資本額那麼大。

「煞星多照，愛恨分明，得理不饒人，這種人適合做老闆嗎？」

這種問題問得輕鬆，答起來卻十分棘手。

剋實地說，命理從未規定刑剋重的人不能創業，此事仍然可以充分選擇；做老闆需要負責經營的成敗，照煞者性剛，勇往直前，百折不撓，被列為條件之一。廉相在子坐命，雙星並立，氣勢恢宏，諸煞照耀，衝擊力大，能夠發達。紫府照入，又稱紫府朝垣，在賓主關係上，別人是君王、我是使臣，因此為人作嫁，才算名正言順。八月生人輔弼不入申子辰，朝的只是一個孤君，難獲他人的提攜。命盤是老張的，這種孤他有一

份，故性格冷僻，無法廣結善緣，這是缺點；獨當一面，自肯自得，則是優點。帝星高高在上，號令四方，坐照者儼然有種帝王的架式，喜歡頤指氣使；主觀意識強烈，不聽別人而要別人聽他的，恐怕也是一種缺失。

■

年輕時，長輩拿著老張的八字找人算過，算命先生瞧了一眼，以一種不屑一顧的神情斷說：「孤中帶剋，早年剋父母，中年剋兄弟，晚年剋子女，刑剋極重，豈能坐視？」所以父母對他的降生並不怎麼高興，後來離婚，他被送走，青少年期的生活相當孤獨。

他的敘述讓人訝異，我忍不住問道：「剛才說的那些現象都準嗎？」他說：「大部分準。」我問：「準到什麼程度？難道連小學四年級割盲腸、初中三年級游泳差點溺水也算出了？」他說：「那倒沒有；不過他算出我是被人收養的命。我在出生不久就被寄養在外祖父家裏，他們待我很好，但畢竟缺乏親情的滋潤，終究遺憾。」

這類奇遇當然值得關切，不過我請他注意一個邏輯問題，「刑剋也許是存在的，不過刑剋無論程度如何，都只存在於命運之中而不存在於命理之中。」他搖搖頭說：「意象模糊，難以理解。」習命者習慣於把所有的問題都歸咎於命運，其實命理只能討論共性，刑剋屬於特性，因此束手，這是命理永遠無法超越的極致。

煞星成群，事業宮的陀羅、遷移宮的擎羊加命宮的鈴星，當它們單獨存在時，只是性質剛烈，攻擊力強，得理不饒人；相互照會後，情況就不同了，因爲生光化電而醞釀許多潛能，成爲一個特別格局，蘊藏一些特殊的能量，開發出來並導向專業技術，多半可以締創彪炳業動。該格局分布如下：

㈠鈴羊。

㈡鈴陀。

兩者皆爲異路功名，表示不循正統的路徑或原先規劃的軌道前進，而是改從別的方向迤邐，表面迂迴，其實是在自我調整，轉化心性，結果反而迅速獲致名利。經驗指出，異格必須導向專業知識，潛能轉化了，才能獲福。這裏有個現象需要進一步討論，因爲見到紫府（雖爲孤君），照理應從正統功名的方向發展，如今改求異路功名，這是改正歸邪，逆勢操作，能否成就，連他自己都在懷疑。

不過貪狼祿入妻宮，重心在婚姻，這種人生平無大志，擁有一個幸福美滿的家庭就心滿意足了，其他方面例如事業普通、得財失財，也不覺得遺憾。天機忌入疾厄宮，也許會出現健康方面的障礙，不過此事並非命理可能掌握，故可略而不論。

由此觀之，缺點不在事業經營或財務支配上，故不虞發生困境，導致半生努力，一朝幻滅；這種說法可信。不過開店做生意，就不能不把方向調整到事業與財物，然後觀其成敗，這才是論命的關鍵。

■

理論上說，老張他們先天條件夠，積極進取，機緣成熟，締創彪炳業勳簡直像吃一盤蚵仔煎那麼輕鬆。他還是關心問道：「獨立經營一個事業向來需要具備許多條件，你看我有夠力嗎？」那當然；結構如此強勢，宛如項羽力拔山兮氣蓋世。尤其煞星頻見，攻擊火力旺盛，豈甘雌伏，吃了一陣子頭路後，就會捲起袖子，跳出來蠻幹。不過孤君的性格相當明顯，只願做獨門生意，老闆兼辛勞，凡事自理，自然艱辛備嚐。

除了在正當行業中打拚外，老張行有餘力還涉足股市，從小額投資做起，每天早上就見他神情肅然地盯著電視螢光幕，然後猛打電話探聽行情。幾年前適逢景氣大好，交易熱絡，他半個月內就賺進一年所得，這等好事大概只有台灣才會發生。乙卯大限中因為涉及短線交易，操作不當而被斷頭，損失四百多萬元，運勢也從此急轉直下，業績也節節敗退，一年之內，揹了四千萬的債務，加上被控詐欺，官司纏身，目前已經無心管理公司的事了。

「事業見祿，一個典型的事業旺運，理當發達，為什麼還會破敗？」為何破敗，不妨探討一番。其實破敗的因素很多，問這種話就是其中之一；此外尚包括下列兩項：

㈠祿入事業宮，要在事業經營上發揮，才算適當。

㈡股市行情普受外境的作用，瞬息萬變，命理掌握不到。

最近幾年老張有點懊惱，若非涉足股市，操作失控而傾家蕩產，目前應該是個小老闆，省吃儉用，至少可以立於不敗之地。股市行情瞬息萬變，尤其受到政治因素、內線交易的影響，散戶在風起雲湧中通常是俎上肉，他未能驚覺，只好被擊垮，倒地不起。

俗話說，「虱多不癢，債多不愁」，這是一種自我解嘲，其實沒有人不癢不愁，只

不過有點麻痺罷了。張君目前的心願當然是盡快還清債務，然後重整旗鼓，東山再起。他問我：「何時還清債務？」這就不是一個命理問題了，命理不作這種預測，因為牽涉諸多的外境。他語帶憂傷地說：「歲月不饒人，畢竟已過四十大關，再不急起直追，很快就要進入哀樂中年，前途有點悲觀，後勁也不如從前那麼足了。」

確實如此。

■

「武貪不發少年人，我已非少年人，仍然會發嗎？諸煞照入，可能大破嗎？」丙辰管轄四十四歲以後的運程，逐漸步入哀樂中年，老張有一拖拉庫的問題要問：「這對困坐愁城者有助嗎？」我說：「你為什麼不自己看？」他答：「我每天忙得半死，哪有那個美國時間。」這也許是許多人的問題，每天忙得像沒頭蒼蠅一樣，以為收穫頗豐；其實被命運之神愚弄而不自知，只好哀聲嘆氣。

「去年曾遇一術士，他說丙辰大限坐財星遇祿星，財官雙美，為一生最佳運程，不但還清舊債，而且擁有一個以上的事業，……。」

我問：「那麼樂觀，爲什麼？」

「武曲坐辰入廟，對宮又見貪狼化祿，結構強勢，內外紮實，顯然有利可圖。」

經我一問，他似乎驚覺那也許只是一個假相：「煞星擠進一堆，似乎凶多吉少，那個術士的說法可能有誤，安慰我而已。」煞星性剛，此時的性格轉變，凡事都想要一搏，不過成敗的問題依例要從大限的諸宮著手，考察此去強弱與吉凶的狀況，才能決定那是一步什麼運，該做什麼決定。

從命宮位置看，這是先天事業宮，紫府廉武相穩定中微帶沖激，但是孤君的性質並未改變，也就是說此去仍要孤軍奮鬥，自我發揮，而無法吆喝一群人共襄盛舉，旅程寂寥，艱辛備嚐，也是一種無奈。

強弱不是吉凶，吉凶要另外觀察，從祿忌的落宮著手。天同化祿於卯，兄弟宮也；廉貞化忌於子，財宮也。吉祿與我無關，忌凶卻來照命——財宮見忌，理財仍有無法克服的障礙，前途布滿荊棘，想要再說擁有鉅資，夢想難以成眞。處在如此逆境中，過度凸顯財物的重要性，宛如癩蛤蟆掏井，愈掏愈深，終至沉淪。

面對這種結果，當然有點意外。他搖搖頭，然後嘆了一口氣：「後半生豈非苦哈哈兼慘兮兮的，要到閣下門口要飯啦！」其實不必那麼洩氣，這個社會豐衣足食，活下去並不困難。命理顯示的只是內在心性的變化，財宮見忌暗示求財的心理備受干擾，判斷力失準，因此失財的機率高，而非從此收入歸零，全家挨餓。當然啦，不呼應財物就不虞發生財務危機，這也是一定的道理。

兩榜出身

在傳統觀念中，適合求名者叫做貴命，適合求財者叫做富命，兩者兼備，則稱富貴雙全或財官雙美。當一個人命中俱足了貴徵時，讀書考試，功名在望；只要兩榜出身，朝廷就會派任官職，如果外放做牧民官，有權有勢，前途無限；「三年清知府，十萬雪花銀」，這是當年書生夢寐以求的好事。社會多元化後，行行出狀元，人生中值得奮鬥的方向很多，只要有些本事，功名利祿，隨便你挑，這種現象非古人所能想像，因此命理需要做一些反省，適度代入一些時代的意識，才能立於不敗之地。

古籍中「貴格」形成的條件並不困難，從單一主星就能判別，例如紫府居子午、七殺在寅申，都能貴顯，而巨門、貪狼無論廟陷則只會貧賤交加。其實在任何時代，富貴追求起來無不困難重重，必備的條件眾多，缺一不可。老前輩說：「結構精美，六吉匯聚，穩定性強，適於讀書考試，富貴功名，宛如桌上拿柑。」相對而言，六煞全彰，性

天機 鈴星 癸巳	紫微 擎羊 文曲 甲午	左輔 右弼 事業宮 乙未	破軍 文昌 丙申
七殺 陀羅 壬辰	男命 丙午年四月×日寅時		地空 天鉞 遷移宮 丁酉
太陽 天梁 火星 命宮 辛卯	木三局		廉貞 忌 天府 戊戌
武曲 天相 庚寅	天同 祿 巨門 地劫 辛丑	貪狼 庚子	太陰 天魁 財宮 己亥

格尖銳，難安現狀，喜歡犯上，功名自然無望，只好改習技藝，在民間百工中安身立命。

謝老師彰化師大國文系畢業後分發到南部某國中任教，他平常就很活躍，除本行的功課外，尚涉獵了科史哲藝的領域，也探索過傳統命理，對於易卦頗有心得。他詳細研究自己的命盤後，跟我抱怨：「命局柔弱一至於此，沒什麼前途，吃不飽餓不死而已。」我們多數人莫不如此；其實命無好壞，只有放對地方與放錯地方而已。性格柔和也有優點，就是定性特

強，適於研究學問或擔任行政工作，上班任職，穩定安逸，可保一世優游。

㈠事業宮在未，宮無主星。

㈡遷移宮在酉，宮無主星。

事業宮無主星，野心不足，創業似有困難，最好別在這方面爭勝。結構既弱，缺乏積極進取與百折不撓的毅力，怕事、拒絕改變，凡事能免則免，所以難獲成就，能夠平安度日，就覺得皇恩浩蕩了。

謝老師曾與某高人切磋斗數，高人知道老謝的程度，不敢信口開河。高人說：「空宮借用了對宮的星曜，雖空不空也。」謝老師問：「輔弼加空劫，能否代替主星？」他答：「既有星曜在，那就不空了。」高人最後下結論：「這種命格福德有缺，名利宛如天邊的彩虹，看得到卻得不到，佛祖聞香煙而已；凡事講求完美，就會功敗垂成。」這種話相當抽象，不知何意？我問他：「閣下的方帽子是買來的嗎？」他答：「開什麼玩笑，我唸得半死才到手。」有些術士專挑缺點說，似乎有些準確度；不過福德的厚薄屬於特性，因人而異，從共盤上觀測不到也。

致富的「充分條件」是財福二宮不能空虛，否則就必須勞師動眾，付出比別人多的代價；機陰分別坐此，宮位不空就有力承受大量的錢財。惟事業與遷移均無主星，這兩方面畢竟無法自在，利用事業或外緣求財牟利，就會覺得困坐愁城。

戊寅年秋，此時大限剛剛交過午宮，一步嶄新的運程也；謝老師跟一個朋友一人一百萬，創立一家廣告公司，敲鑼打鼓開張後，原本指望順利接案，三年內帳面平衡，第四年起賺錢。詎料業務欲振乏力，職員空坐櫃台，只有開支而無收入，只出不進，難保不坐吃山空。「與預估差別甚大，這是什麼道理？」道理相當簡單，生意本來就是如此，否則大家都出來開公司了，誰還願意做伙計。

「流年不利嗎？」

可能有關，也可能無關；有關是選擇一個稍差的年份進行開創，往往成為一個「壞的開始」，阻礙很多；但是戊寅年天機化忌，在大限是兄弟位，在流年是田宅位，均與歲運無關。相反的貪狼祿進入歲運的相關宮位，照理應該帶來財利。

「如果改在其他的年份開張，情況也許可以改善。」

「我並不清楚；這種事環境的因素永遠大於命理的因素。」

命理推論考慮了整體架構的強弱，而非一兩年的興衰。此事牽涉外境的因素，例如房地產的景氣在近幾年來一直低迷，投入此業，無論哪年開辦，並無差別。一般而言，大限未交，外甥打燈籠，照舊（舅）可也，任何一種抉擇，影響的層面都不大，換了新運，劣績才會顯現。

■

「事到如今，我該何去何從？」謝老師問道。

大限到午，坐紫會府，三方坐滿了主星，相對於先天的殘缺，典型的弱命走強運，行運至此，若要藉著環境完成宿願，那麼這是千載難逢的機會。輔弼不照，兩帝都是孤君，結構雖旺，卻無輔佐之人，每事躬親，一切自負，校長兼撞鐘也。不過決策有誤，導致挫敗連連，也不會推諉塞責，殃及無辜。

大限只是運程中的偶遇，好像開車剛好通過某個村落，路況好壞不一，有時崎嶇、有時平坦，當路程平順時，把握良機，借力使力，可望瞬間沖起，一鳴驚人；但也別過

度依賴，成功還好，萬一失敗，兵敗如山倒，頃刻間跌到谷底。

行運的吉凶也會顯示在命盤上，知斗數者瞧了一眼，立刻知道何事吉、何吉凶而加以趨避。廉貞化祿於戌，事業宮也；太陽化忌於卯，子女宮也。所以這是一個事業旺運，在執行、經營和開創上發揮，等於呼應了優點，如魚得水、如鳥歸林；財勢稍遜一籌，往這種方向邁進，比較無法駕輕就熟。但是財宮並未照忌，障礙不在此，追求財利，應該無咎。「這是哪個朝代的說法？」謝老師顯然認爲我在吹牛，他有另外的看法：「事業順利開展，自然帶來財利，這是一定之理。」恐怕不能如此樂觀；別說在現實中不存在，在命理經驗中更不可能，因爲就有不少人事業做得強強滾，最後卻破產跑路，而有人游手好閒，卻年年進帳，享用豐盛。

所謂「事業好運」，約指此時內心振奮，亟思成就，然後信心充滿，人也變得樂觀起來，一旦著手追逐名利，成功率多半水漲船高；求財需要一些心理建設準備，逐漸醞釀，貿然出手，就會暴露弱勢的部分，做得七顛八倒，怨天尤人。

■

根據謝老師的研究，這步乙未大限應該大有可爲，他指著命盤說：「日在卯、月在亥，立命在未，明珠出海格也，運程應該不錯；若說缺點，顯然在於照見火劫，吉中帶凶也。」我笑問道：「閣下的斗數從哪裏學來的？」他愣了一下：「我自己看書，並獲得業餘學者的指導；有什麼問題嗎？」我說：「那是生呑星曜的原始意義，不能稱做推論；推論是要有演算的過程的。在星曜上定義吉凶，絕對是個謬誤，難杜悠悠眾口。」

此限命無主星，內心空虛，缺乏主見，普受外境的作用，因而常被逼著改變，凡有所動，八成會去接觸熱門的行業。他說：「目前尚無那種念頭，未來不敢說了；萬一換業，我想不會有什麼大礙。」有些事項遠在天邊，很難說出一個所以然來。一般而言，成事壞事、得財失財均非單純的命理問題，而要斟酌其他的外境條件，悉數交給命理，好像沒什麼道理。

三方爲巨日兼機月同梁，跟先天類似，柔和細致，穩定性強，處在這種運勢中，一切緩慢進行，凡事只能按部就班，一步一腳印，用時間換取空間，若想立竿見影，恐怕就會覺得心餘力絀。

吉凶必須另外觀測，找出祿忌的落宮，就能隱約發現一些概況。天機化祿於巳，妻宮也；太陰化忌於亥，事業宮也。事業宮與夫妻宮遙遙相對，一祿一忌，呈祿忌交替狀態，吉凶壁壘分明。「如何判別，才能無礙？」他將把重心放在婚姻（家庭）上，照顧妻小，每天回家吃晚飯；但是事業動盪，宛如走在山路上，起起落落，大傷腦筋。傳統術士於是斷言：「獲得女性的助力，也許還會染指八大行業，靠女人吃飯。」這是想像力過於豐富，想當然耳；不過倒是有人預言：「祿入妻宮，娶美妻兼因妻致富，讓人稱羨也。」當然也是一種猜測；四十幾了，還會棄妻再娶嗎？上述偶爾會準，有人確實如此，不過那是一種特性，發生在少數人身上而不發生在同命者身上。

「妻宮這個祿令人迷惑，究竟我幫太太創業抑或太太助我發展事業？」

「依我觀察，兩者皆非。」

斗數的宮位都是對待關係，妻宮見祿，此去的目標在於維護婚姻於不墜，須知祿入妻宮不等於祿入太太的命宮，帶給太太什麼福澤。假設婚姻確實穩定，家庭確實美滿，那麼這個祿就會間接庇蔭事業，隱約帶來一些助力。

事業好運也會間接庇蔭財利，這是間接中的間接，大約四分之一的吉力，所以從事業的經營中獲財，勉強算一步好運；準此而言，事業經營有敗，當然無法得財。「經商求財，困難度果然很高。」任何時代，均不例外；當所有的配備齊全時，汽車才可能奔跑，翻山越嶺但是隨便拆掉一個零件例如火星塞或輪子，那就跑不了。斗數屬於定宮推論，一宮有一宮的基本性質，事業宮遭忌侵襲，事業經營經常失控，有種障礙橫亙在前，難以超越。

■

終於走到一步好運了。

丁酉大限命無主星，外境強於內境，極易隨風起舞；輔星坐照，則會起心動念。太陰化祿於亥，福德宮也，開拓財源，成功率高。此時已經六十有三，垂垂老矣，若非現實需要例如家庭遭到劇變，財產付之一炬；或者生子不肖，耗散所有的資產，還要如此賣老命幹嘛！

「我再度紅塵的機率高嗎？」

「那是閣下的事，與我何干？多元化社會的結構複雜，未來的世界變數太大，連太上老君都不敢逆料，何況我們這些凡夫俗子。」

日後他究竟如何改、怎麼變，概與命理吉凶無關；命理畢竟不是一個預言學，預測起來跟猜謎沒有兩樣。我們只能這樣說：「化祿牽引後，也許蠢蠢欲動，但是動與不動都是自己可以決定的，所以不能隨便給一個答案。」

「晚年無論求財或求名，都算勞碌。」

確實如此；但上帝喜歡開人的玩笑，戊戌大限貪狼化祿又進福德宮，等於連續二十年走了財源運，引誘他開拓財路，從事一些投資理財。不過行運雖佳，卻因時間太晚而變成可有可無，虛晃一招而已。

財運來得太早固然無用，來得太遲而讓人空等，同樣無福消受，似有實無也；恰到好處，宛如一場及時雨，藉此獲利，那才受用。好運畢竟無法期待，最多只能等待，機會來了，緊緊抓住。假設人人都處在好運中，榮華富貴，手到擒來，這個世界就沒有終生落魄之人了，不是嗎？

「既然不能順利獲財，不如懸崖勒馬，趕緊調整人生的方向，往事業或別的行業發展，這是見風轉舵，此一時、彼一時也。」他說：「乙未與丁酉的事業宮都遭忌侵入，開創事業，仍要遭受阻礙，眞的讀書學劍都不成，這輩子不知還有什麼指望？」

「先天柔弱，本來就不該圖非分之想，上班任職，一生無咎。」我殷切地說：「慾望太高，成功的條件不足，卻要與人強力競爭，註定失落。」

繁華落盡

富格是先天命局中具備了富庶的條件，積極求財，可望迅速累積財富。在命盤上，富格有時是財宮直接成格，有時從其他宮位會照而成，仍非單一事項，而要諸多外境條件的配合，當這種因緣聚合時，就能發得金光強強滾，烏魚炒米粉，名列富豪之林。

世事多變，任何事都難以持之以恆，沒有一個人敢說他能夠富貴綿綿無絕期。有個朋友問道：「原本是個富格，後因時空轉換（環境改變），一夕之間，繁華落盡，變成貧困交加，三餐難繼，這種事可能發生嗎？」

「古代的帝王貴冑無不享盡榮華，但是改朝換代，可能淪爲階下囚。」

剛才說過，富格只是一種內在條件，命中具備了，努力經營，就有致富的可能。發財還需諸多外境條件的促成，當內外條件俱足時，發財、擁有財勢就像順水推舟，相反的欠缺條件，又遇厄運，仍要貧困。此外在幾十年的運程中，難免會有一些挫敗之運，不知節制，盲目衝刺，就可能遭到敗績，破得一文莫名。

朋友蘇桑四十出頭，做過十種以上的行業，過去還因爲違反票據法而坐八個月牢，欠地下錢莊的錢而逃亡海外四年多。他嘗誇其言，當今最高明的算命先生絕對算不出他的奇遇。他問我：「你能嗎？」我笑道：「我當然不能，有位老先生能。」「誰？」「兜率天宮的太上老君也。」

富格是先天上具備一些條件，得之容易，數量也多，這些條件傾向於物質，在財物上發揮，事半功倍也；但富格不必然致富，因爲其中尚有一些空白地帶，需要滿足一些條件，否則仍然只能貧困度日。從斗數的層次看，命理形成的任何一種性質都要開發出來，並積極導向財物的方向，機緣成熟，才會致富。富格不是富翁，其間還有一些特殊而不共的條件在焉，必須一一克服或一一整合，然後遇運沖發，才能致富。

有些朋友物慾很強，吃好穿好住好，貴族式的享受，但是亟需龐大的財物支援，否則就會坐吃山空；錢財雖然人見人愛，卻非人人都能致富，此時就需要其他條件的配合了。「什麼條件？」問任何經營致富的人，他們都會說：「很多很多，三輛拖拉庫都裝

太陽 陀羅 左輔 文曲 忌 己巳	破軍 庚午 事業宮	天機 擎羊 辛未	紫微 天府 天鉞 壬申 遷移宮
武曲 祿 戊辰	男命 己亥年二月×日丑時 火六局		太陰 右弼 文昌 癸酉
天同 丁卯			貪狼 火星 地空 甲戌 財宮
七殺 丙寅 命宮	天梁 丁丑	廉貞 天相 地劫 天魁 丙子	巨門 鈴星 乙亥

不完……。」勉強舉例，努力工作、發揮長才以及勇往直前的毅力，假以時日，就會致富。

台灣的經濟在七〇年代以後逐漸起飛，財富累積容易，短時間內擁有大量的資源，享用不盡。但是二十年的繁華之後，人心開始墮落，逐漸走入浮華社會，崇尚虛僞，好逸惡勞，重享受而輕勞動，沒有人願意從事勞力的工作，因此請來泰勞、菲勞代工，久而久之，不但造成失業的問題，而且帶來許多犯罪的問題。

一般而言，缺乏富庶的激力就不

可能發財，這是一個「必要條件」，也是一個定論；這種觀念古已有之，幾百年前就有人思考過。朋友老蘇有個問題：「人可能不勞而獲，從此生活無慮嗎？」社會學家可以明確解答，「你在作夢」；縱然有，也是極其少數，例如農地變更為商業用地，土地價格一夕之間飆漲數千倍，從此資產龐大，不必操勞，八輩子都吃不完。

行業可以選擇，每個人都有權選擇他喜歡的行業，然後全力以赴；就算做壞了或見異思遷，也可以中途放棄，重新選擇。蘇桑從事鋁門窗架和一般建材零售生意，這個行業跟建築景氣有密切的關係；當房地產銷售熱絡時，建材的生意就跟著大發利市，最近幾年景氣低迷，他自然而然受到影響，每天困坐愁城。準此而言，他的起落跟外境的消長有關，而與個人命運的得失堪稱微乎其微。

我遇到很多人問：「你看我改行好嗎？」改行是從這行轉到那行，新業也許熟悉，也許陌生，都要仔細評估，三思而後行；貿然進行，旋即後悔，浪費了不少金錢和寶貴的光陰。根據經驗。改行是一件重大的抉擇，問命或問人都只供參考；命盤上也許能夠顯示一些軌跡，但必須返回原點，從先天結構中斟酌，看看他有沒有那種條件。

蘇桑先天命宮在寅，七殺坐守，根據古賦，七殺在此坐旺（俗稱七殺朝斗格），理當富貴，立刻擁有名位和財富；現代人都不認同此說，蓋那富貴得來未免輕鬆愉快，不符人生的規格。我們仍要考量三方諸星的強弱：

●事業宮在午，破軍坐守。

●遷移宮在申，紫微、天府與天鉞坐守。

●財宮在戌，貪狼與火星、地空坐守。

一個典型的殺破狼加煞，性格剛毅，動量很足，積極進取，喜歡冒險犯難，從事波動性行業，堪稱適材適用。紫府照入，又稱紫府朝垣，輔弼不照，孤君一個，性格孤獨，內心冷峻，擅長單打獨鬥，自肯自得而無法群策群力。

財宮的形勢最爲壯觀，主星坐守，得以承擔大量的物質；此外形成火貪武格，潛力十足，往武市行業發展，迅速開創新機，機緣成熟，可望揚名異域。初出茅廬多半先吃一陣子頭路，累積經驗，然後伺機跳出來創業，此後遇祿沖發，往往一鳴驚人。

「呼應優點就是經商。」

「那當然，不求財則什麼事都不發生。」

■

有知斗數者告訴蘇桑：「財宮火貪成格，威鎮諸邦，揚名異域，當然不錯，但別忘了內有地空一星，一旦觸發，就會瞬間暴敗。不信邪嗎？咱們關二爺馬上讀春秋，走著瞧！」他的心情一下子跌到谷底，覺得空歡喜一場。他問：「大師的預測屆時果驗嗎？」我笑說：「毫無準的道理。」

武曲化祿於辰，福德宮也，福德象徵財源，化祿在此，廣闢財路、學習理財術將是他們一生奮鬥的重心，因此積極進取，全力以赴，多能獲致佳績。文曲化忌於巳，這是田宅宮，好像不那麼嚴重，蓋祖基只是特性，依例不予討論。

八字和斗數都是人爲的程式，爲某些個別的用途而設計，人類的IQ受到自身條件的限制，不可能創出完美無缺的工具，所以祿命式儘管有些特殊功能，依理只能推測一些相對事項，而無力窺探絕對的眞理。有人根據田宅宮的主輔星曜判別此生擁有多少不動產、先立後破或先破後立以及各種買賣的情況，不用打聽，信口開河也。蘇桑問道：

「先天田宅遭忌侵入，資產敗盡，無以為繼，還算一個富命嗎？」並無這種說法；先天田宅宮象徵祖基或祖居，見忌後本人與它的緣分淡薄，不得祖蔭，不住祖屋而已。

不過習命者仍然堅持那是觀測置產的位置，而不想用心思辨此事存在的可能性，也是怪異極了。這是認知差距太大所致，一時很難說得清楚。我們只能說：「古今對屋宅、不動產的論斷明顯有誤，必須另謀他途。」命理不能推論所有的問題，因為沒有那麼厲害；推論之前，釐清這是一個命理問題抑或只是現實中的偶遇，才不致弄錯方向。

「許多大師據此推論，宛如神斷，讓人拍案叫絕，這又是怎麼一回事？」

套一句台灣俗話，「青瞑仔不驚槍、臭耳郎不驚陳雷公也」。

橫財致富

顧名思義，富命或富格就是財物結構佳美，迅速聚集錢財，並能承受大量的財物。富命是存在的，現實中確實有人一出生就享用豐盛，從不知窮困爲何物；西方也有「咬著銀湯匙出世」（**with a silver spoon in the mouth**）的諺語，表示他們的世界也存在著這種具有特殊命格的人。有些人出生環境雖然欠佳，不過在後天中積極營運，遇運沖發，十數年之間擁資數億或數十億，他們必然具有一個富格。

傳統命理主張富格致富，等於預設了一個富庶的格局，只考慮結果而不管其他條件，難免變成一種定命思想。其實富翁具備的條件很多，內外均有，內指命理結構，與生俱來的要件，外指社會環境，又與個人努力有關。資本主義的社會財富更替迅速，三五年內，可望造就一個富翁，並讓一個富翁破產跑路。富格只是致富的條件之一，屬於充分條件，意思是說，格局優美只是富庶的眾多條件之一，而非唯一，這點必須記住。

在任何社會中，富與貴都是珍奇之物，由少數一些人獨得，否則就不值錢了。舉個例說，一個城市人口五十萬，財產上億者不超過五人，那就符合物以稀爲貴的原則；假設不是五人而是五萬人，高達人口的十分之一，那麼這種富就沒什麼了不起。任何一個時代、一個社會，貧困之輩永遠佔了大多數，所以富格是富格，富翁是富翁，富格不等於富庶，仍要環境加以篩選，去蕪存菁，方以致之。

「富翁仍要擁有一個富格嗎？」

「那是當然的。」

除繼承遺產而致富外，這個世界應該沒有一個財宮空虛的富翁。

理論上說，環境才是一個客觀存在的事實，經由社會群眾的意識所控，在這種關係中，個人的能力顯然微不足道，小環境抵抗不了大環境，就像小蝦米抵抗不了大鯨魚一樣，因此隨之起舞，順著旺勢而下，想要頑抗，最後可能一定被它殲滅。命理描述的就是一種自然，順其優勢，等於發揮了這個人的優點，事半功倍，也有一種使命感；逆其優勢則缺點暴露，當然事倍功半，屢遭險阻，恐怕一事無成。

天梁 地空 地劫 丁巳	七殺 擎羊 右弼 遷移宮 戊午	天鉞 己未	廉貞 火星 左輔 財宮 庚申
紫微 天相 陀羅 鈴星 文昌 事業宮 丙辰	男命 戊辰年五月×日午時 金四局		辛酉
天機忌 巨門 乙卯			破軍 文曲 壬戌
貪狼祿 甲寅	太陽 太陰 天魁 乙丑	武曲 天府 命宮 甲子	天同 癸亥

好友老吳說，他的兒子這個命盤就數命宮最爲單純，雙星並立，卻無輔星，無輔則內心平靜，不存非分之想，對環境的感應比較遲鈍。不過「這種人可能成就嗎？」確實讓人疑慮；事業宮的情況就不同了，三輔居中，裏面的名堂就多了，思緒澎湃，動作頻仍，也想在事業上尋求突破，建立事功，以便驕其鄰里。因爲照煞不少，性格十分激烈，慣採巧取豪奪手段，進行企業併吞，試圖掌握大部分的社會資源。

「如前所述，發展事業就算發揮

了優點，成就必高，也做出成就感，何樂不為。」不過事業是可以選擇的，他要怎麼選，我們並不清楚，也不想介入。老吳問道：「如果我選擇求財，那又怎樣？」並不怎樣；頂多只能說發揮了次優點，成就略遜一籌。

武曲、天府坐守，一般通指武曲為財星，天府主庫存，兩星相加，天生的富格也。不過那只是古賦〈星垣論〉的誤解，沒有認知的意義；我們仍要從星群架構考量，判其優劣。三方所見，屬於紫府廉武相星群，輔弼照入，格成「君臣慶會」，擁有領導統御的本事。此外羊陀火鈴照耀，攻擊火力旺，霸氣十足，桀傲不馴。

君臣慶會屬於文格，往正統功名的方向發展，成就卓越；羊陀火鈴形成火羊、火陀與鈴羊、鈴陀四個異格，這些都是異路功名，開發潛能並導向特殊專長，反而迅速獲致名利。專家指出，擁有格局等於擁有發達的條件，成就指日可待。但是老吳想到一個問題：「文格屬於正統格局，在正規行業中發展，才算適性，異格則恰恰相反，只能異軍突起，兩格相斥，這究竟怎麼回事？」

這當然是衝突的；不過那是他在衝突，我們不過是說明現象而已。

在一般人的想像中，立定志向，努力工作，機緣成熟，自然開花結果，因此大多秉持著「做什麼行業都行，重要的是有沒有恆心」。大企業家大概會說，那種情形只是一個基礎、一種充分條件，欠缺者固無成功的機會；但是想要成功，還要其他的條件充分配合，其中一部分屬於「必要條件」。

「必要條件包括哪些？」

「不求財就不可能發財，所以經商就是致富的必要條件。」

「我這個孩子未來會經商嗎？」

「我不知道。」我說：「斗數不做預言，這種事讓他自己決定就行了。」

就吉凶的分布而言，貪狼化祿於寅，福德宮也此宮象徵財源，化祿於此，他們將把開闢財路、廣拓財源當做一生努力的方向，全力以赴，接觸所有能夠致富的管道。天機化忌於卯，父母宮也，此宮因為在非意志範圍之內，可以置之不論。

「父母會來阻礙我獲財嗎？」

「斗數並沒有那種說法，若有，也是被他們牽連而已；父母宮並非父母的宮位，而

是老兄將以哪種心態對待尊親，此外無他。」

■

我們再來湊齊幾顆主輔星辰，命宮的武曲加上事業宮的陀羅、鈴星、文昌，剛好形成「鈴昌陀武」，這是一個古籍記載的惡格，一千年前的人已經注意某種驟變的原因。不過惡格也許是存在的，卻非古人想像的那麼確定而又無法避難。老吳顯然不知古籍的內容，否則準會嚇得屎滾尿流。「惡格必然招惹災禍，這些災禍究竟從何處產生？」從冥冥中產生，用現代語說，那是他的人格特質。這種人在生命歷程中自然而然招惹許多是非，帶來許多煩惱。惡格肇致的災禍包括精神耗弱、災禍頻傳和屢遭險阻，一旦形成，人事異變，事業和財物遭破，一夕之間，兵敗如山倒，無力回天。

根據《陳希夷紫微斗數全集．斗數骨髓賦》記載，「鈴昌陀武，限至投河」，意思很明白，行運至此，就會去跳河，學三閭大夫屈原自溺於汨羅江。這種經驗實在有夠恐怖，不必經過大腦思考，即知是虛假的，因爲那是一個特性，絕不會出現在共性的範疇之內。有人指出，四星會齊的機率很低，一旦肇災，必然驚心動魄，無力化解，而只能默默承受，這點倒是可信。

一些朋友強調命中形成惡格的可怕，老吳聽得一臉茫然，於是怏怏說道：「既然劫數難逃，看來只有坐以待斃，哪天要他媽媽到太子爺廟點一盞長生燈保命。」這種反應似乎也是人之常情；現代人廣泛解釋，行運遇此，從巔峰跌到谷底，事業一夕之間化爲烏有，讓人痛心疾首。

「從巔峰跌到谷底，首先他必須在巔峰，爲什麼還會在巔峰？」

這種現象究竟如何造成的，那就有深入研究的必要了。

古籍記載的惡格很多，每個都讓人膽顫心驚，渾身不自在；例如巨火羊「縊死」、昌廉「粉身碎骨」、武鈴「寡宿」、陰火「十惡不赦」，甚至天機天梁擎羊會，「早見刑剋晚見孤」，惡格形成，必肇災禍，全無轉圜的餘地，確實讓人擔驚受怕。所幸災難只發生在少數人身上，共盤推論不到，最好別碰，蓋即使碰了，也不知如何處理。

既然不會發生，何不刪除，永絕後患；這是很好的意見，但恐怕行不通，因爲沒有人膽敢違抗古賦。術士多半會說：「我根據古賦如此論斷，但是驗不驗在你；如果行善積德，就能安度。」這不是一句廢話嗎？即使如此，論斷一個結局仍然屢見不鮮。譬如有人堅持說：「惡格是個不可承受的重，因爲人都有一破，有的人實在破得太厲害了，於是變成一個惡格，劫數難逃。」

此說不能盡信，否則就會變成一個定命論。

檢證傳統命理的說法，去蕪存菁，把不相干的、道聽塗說的一律掃地出門，才是現代學者的終極任務，保留那些惡格，頂多是唬唬一些膽小鬼而已。一個朋友指出：「任何一種惡格都不必然肇災致禍，自我毀滅；惡格仍要經過一道引爆的手續，不是具備了就遭殃，那只是危言聳聽。」確實如此；但並非所有的學者都持此觀點。

通靈大師

「賭神、賭仙以及賭聖是否存在？」

「在古代，有井水處就有柳永詞，讓人吟詠，愛不釋手；在現代，有賭博處就有一些身懷絕技的人，挾技遨遊於賭桌上、輪盤邊，縱橫其間，所向披靡，讓人嘆為觀止，也讓賭場老闆膽寒。這種人美其名為賭神、賭仙或賭聖，相信沒有人反對。」

「他們涉足賭場，保證贏錢嗎？」

「那就不一定了。」我說：「賭博受到機率（運氣）支配，沒有百發百中這回事；不過這些人賭技高人一等，贏錢的機率很高，但是常勝軍也有麻煩，會被賭場列為不受歡迎的人而予以排斥。」

賭神風度翩翩，風流倜儻，玩世不恭，每天醇酒美人，不必工作，也無須操勞，這是電影的情節，好像不如此誇張，就沒有觀眾買票進場。不過所謂的國際梭哈大賽，賭金動輒美金兩億（一家五千萬），都是噱頭，蓋折合台幣十六億，誰賭得起呀！就算每個人都是富翁，何不享福去，幹嘛還要賭到傾家蕩產，這點恐怕交代不過去。戲劇中公然作假，美其名爲特異功能，公證人不予取締，有虧職守，所以這種比賽作戲成分大，只能當作「做戲空」，戲弄「看戲憨」的觀眾而已。

在正當行業中無法累積財富，於是改弦易轍涉足投機業，在股票買賣、期貨操作、黃金匯率以及房地產的仲介發展，香港人在九七前後拚命炒樓，更是掀起一陣求財熱。由於投機業風險大，充滿強烈的不確定因素，缺乏某種條件的人投身於此，常履險峻；就算賺到，也不見得就享受得到。

「哪種星群結構才能做賭神？」

「不清楚；此事畢竟不是一個命理問題。」

在古籍中，你絕對找不到隻字片紙，雖然好賭是人性，不分古今；即使今天，我們也無力歸納出他們的命理形式，那畢竟不是命理能夠處理的事。

在命盤上，也許一兩宮位無星，因爲承受力弱，擔當力不足，故難免財來財去；命

天府 鈴星 天鉞 丁巳	天同 太陰 文曲 戊午	武曲 貪狼 忌 命宮 己未	太陽 巨門 文昌 庚申
丙辰	男命 癸巳年八月×日寅時 火六局		天相 地空 辛酉
廉貞 破軍 祿 右弼 天魁 財宮 乙卯			天機 天梁 壬戌
甲寅	擎羊 地劫 遷移宮 乙丑	火星 甲子	紫微 七殺 陀羅 左輔 事業宮 癸亥

宮弱極，缺乏主觀意識，思想游移，擅長四兩撥千斤，但一生難免奔波飄盪。「賭性強弱的判別十分簡單，所謂江湖一點訣也。」一個精通斗數的朋友透露說：「照煞多者強，少者弱，如此而已。」不過他說的是一般人的賭性，而非賭徒、郎中或賭神之類的高手，那可要長期的苦練和超人的膽識，尋常之人辦不到。

■

外境變化莫測，誰能掌握一二，那麼他就是一個超人，譬如股票市場，某些個股的漲跌幅今晚十一點前

就了然於胸，翌日九點準時進場，買它聯電兩百張，然後連漲一周，五千萬元輕鬆入袋，還要替人算命，賺那些蠅頭小利幹嘛？有人指出：「術士既然熱衷於這種預測，若無兩步七仔，豈非變成信口開河，很快就被人看破手腳。」我若堅持那是假的，保證有人罵一條街；問題是要我認同他，那就太對不起自己的良知了。

施先生替一家上市公司的老闆操盤，兼做行情分析，他外型平常，學歷普通，從來不是別人嫉妒的對象。不過他擁有一種異稟，憑著敏銳的感覺，判斷某股兩天之後連漲三個停板，然後下挫，又跌兩個停板，準確率高嗎？八成五以上。遺憾的是老闆心胸狹窄，難以相處，「有功無賞，弄破要賠」，讓他覺得渾身不自在。兩年多後覺得無趣，就離職了，找到一家新設的證券商，仍做分析師，同樣的工作當然駕輕就熟，但是同樣的工作做久了難免出現倦怠感，經常大鬧情緒，連太太也不知該如何是好。

賭博需要一些天份、一些靈感，一般人學不來，所以先天氣勢上略勝一籌。此外像豪氣與膽識、瞬間的靈感，都只存在於某些特定人士的身上，例如玩梭哈，發到第三張，他就能判別對手的底牌是啥，八九不離十。一個朋友羨慕道：「我要是有施仔一半

就好了。」那是天賦異稟，先天具備，一般人學不來。

「前世修行有成嗎？」

「也許；但是此生不再繼續清修，靈感用罄，以後就跟我們沒有兩樣了。」

兩年之前，老施在台北三重找過人算命，大師口氣很大，自稱半仙，領有諭旨，專門代天巡狩。命盤排出，他瞧了一眼，就問「聽說你會通靈？」施兄答道：「沒有那回事，第六感比較敏銳而已。」大師當場揶揄說：「我鄭重告訴你，通靈需要神明開第三眼，否則只是假通；而一個人缺乏慧根，大道畢竟難成。老兄的情況我看只能稱做精神分裂，跟那些童乩的情況類似。」從哪裏看出精神分裂？半仙答曰：「擎羊、空劫、陰煞照耀，精神緊繃，化忌前來牽引，腦筋就會突然秀豆，然後胡言亂語，亂做春夢，這種案例我看多了。」無論眞假，每思及此，老施就好幾天睡不著覺。

■

施兄的命宮坐星單純，顯示他守己守分，但是外宮凌亂，武曲、貪狼雙星並立，殺破狼兼紫府廉武相星群重疊，結構強旺，豪情壯志，敢做敢當，獲取功名，宛如桌上拿

柑；不過三方的星宮也不能視若無睹：

●事業宮在亥，紫微、七殺與陀羅、左輔坐守。

●遷移宮在丑，擎羊、地劫坐守。

●財宮在卯，廉貞、破軍與右弼、天魁坐守。

「這是一個佳構嗎？」似乎不錯；不過其他的附帶條件仍要補足。殺破狼需見火鈴，紫府廉武相需見輔弼，命中照到輔弼，格成「君臣慶會」，故組織力強，擁有高度的領導統御，能夠吆喝一群人，共創巨業。火鈴遁形，殺破狼未曾轉化，屬於波動的這個部分於是暴露出來，讓他一生忙碌，起落頻仍。

財宮破軍化祿，這是一個吉化，追逐財利、享受物質的歡愉，將是此生的重心，往這種方向發展，比較心安理得。在傳統命理中，所有的問題都是命理問題，從命盤上都能找到答案；現代人了解推論有其極致，對非意志的事項大多持保留的態度。

即使如此，老施也不能免俗地問：「破軍祿指哪種財？」

「不特指哪種財，甚至也不主財；破軍必須進入財宮，才叫財星。」

習慣所成，想要改變，非常困難。「每種星曜都有它特定的概念，古籍記載得十分清楚，你該好好讀書。」他說：「現代斗數學者把諸星類化為各種行業，破軍屬水，經營水的行業例如養殖、商旅和運輸，保證大發，在屬水的年份得意。」

毫無疑問的，那些都是望星生義；破軍從來不曾是水，甚至不曾屬於金木水火土任何一種性質，否則就跟八字牽扯不清了。「根據〈星垣論〉的說法，破軍主水，這又是為什麼？」那是後人附加的；就算原始結構如此，我們也確定那種定義沒有作用。財宮還有其他諸星，至少不能把廉貞置之度外，對不對？廉貞五行屬火，水火相戰，這種財該如何分辨，願聞其詳。

「那麼破軍是蝦米碗糕？」

破軍只是十四主星之一，殺破狼星群的一員，而不屬別的。

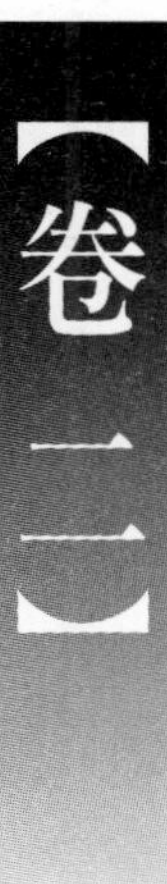
【卷二】

過路財神

賭博雖非正當行業，許多國家允許公開呼盧喝雉，然後抽它重稅，等於政府作莊，人民下注，台灣迄今仍然禁賭，就算打八圈衛生麻將，吵到鄰居的安寧被人報警取締，也會吃上官司。賭博也沒有固定的型態，輸贏都在一瞬間，命理對於這類瞬息萬變的事項掌控不到，當然不予討論，那畢竟不是一個命理問題；易言之，賭博只是一個現實問題，從現實環境中考量才算適當。

有些命理大師揚言能夠推到日時，今晚邀約打麻將，八圈結束，午夜之前大贏，拖到子時，運氣急轉直下，反而大敗；是眞是假，屬於一種私人經驗，無法公開檢證也。假設那是眞的，一個朋友說得好：「確定何時財旺，殺到拉斯維加斯豪賭一場，贏一千萬美金，我分他一半。」由此觀之，這類斷驗偶爾碰到一次，卻被吹噓爲百發百中。此外有人聲稱他能預知六合彩號碼，那麼邀集幾個好手殺到香港下注，一週之內，一億港幣入袋，把六合彩公司贏垮——要搏就搏大的，打小麻將贏光朋友的錢沒意思，對不對？但我確信，沒有一個大師敢拍胸脯保證。

命理處理的都是大原則、大方向的事項，關係整個人生的成敗，知所進退，人生從此無憾；賭博只是小事，短短幾個小時甚至幾分鐘之內就見了眞章，命理根本掌握不到，事實上也不會去計較。有人既然堅持他能像甕中捉鱉一樣，十拿九穩，那鐵定是個神仙，凡夫俗子做不到也。

賭性的有無與大小都是與生俱來，有人雖不打麻將、簽六合彩，卻賭事業，例如三年內開設兩家公司、一座超級市場，膾子之大，無與倫比，有三分資本就想做十分事業，這種經營方式跟賭博沒有兩樣，蓋勝敗均在一瞬之間，堪稱速戰速決，沒有那種膽識，可能半途而廢。

老鄭在高楠公路上經營一家修車廠，開幕迄今四年，業務逐漸起色。他做人阿莎力，但不失老實忠厚的本質。他問：「貪狼加擎羊，這種人的賭性是否很強？」我說：「不知道。」「是不會算還是算不出來？」賭性強弱只是一種特性，因人而異，從共盤上

太陰 左輔 陀羅 癸巳	貪狼 擎羊 甲午 命宮	天同 祿 巨門 鈴星 乙未	武曲 天相 地劫 丙申
廉貞 忌 天府 壬辰	男命 丙申年二月×日酉時		太陽 天梁 右弼 天鉞 丁酉
辛卯	金四局		七殺 戊戌 事業宮
破軍 地空 庚寅 財宮	文昌 文曲 辛丑	紫微 庚子 遷移宮	天機 火星 天魁 己亥

找到的絕對都是共性。無法滿足他老兄的要求，抱歉之至。

煞星性質剛烈，敢作敢當，勇於任事，照煞愈多，這種性格就愈激烈，處事待人，慣採霹靂手段，迫人就範，擅長威力克服而拙於說理和溝通。老鄭命中只見二煞，應該不致那麼惡劣；不過問題不在於見煞多寡，而在於全局不逢一吉，內心世界缺乏一種柔性氣質，一旦遭遇挫折，就會自責（自殘），然後自怨自艾，弄得玉石俱燬。

心理學家說，人人具有賭性，等

於佛陀說眾生都具有佛性一樣，隔壁周先生有一天把我攔住，要我幫他看看命盤：「我最近手氣很背，六合彩已經連輸兩個月，損得面青面綠，你有明牌嗎？報兩支給我，贏了一定請你吃紅。」我笑道：「我若有牌，早就發了，八年前就移民加拿大了，你別想找到我。」他仔細一想，覺得有理，就不再吭氣。若是單純的財運，命盤上寫得一清二楚，換成賭博運，抱歉，毋栽啦。老鄭問：「我老是做過路財神，跟財宮見地空有關嗎？」當然無關；地空不是劫財星，它的性質是聯想、虛構和模仿，喜歡無中生有，有點異想天開，但絕不顯示任何的吉凶福禍。

一般而言，化祿最好入命而化忌最好在別人那裏，見祿而不見忌，才是一個人人盛讚的吉命，生命中罕有障礙，就算有，也極易處理。如果情況相反，見忌不見祿，從此只能感受化忌的摧殘；尤其忌入命宮，內心徬徨，頗多衝擊，心湖中激起陣陣漣漪，對事情的看法也會傾向於消極而且悲觀，做什麼事都不對勁。

賭博一部分靠技術，一部分靠運氣，行家指出，運氣約佔七成，許多高手儘管技術超群，仍會輸錢，蓋手氣一背，技術再好也是枉然。不過他們技術本位，極少放炮，就算時運不濟，也是輸少，這跟只靠運氣的滷肉腳不可能同日而語。

賭博輸贏往往一兩個小時就見眞章，所以賭徒都相信短暫的運氣，運氣好時，呼風喚雨，百千萬頃刻到手，運氣差時，節節敗退，輸得脫底。一個朋友回憶說：「戊寅年夏天，我路過大西洋城，晚上沒事，就在飯店內賭了兩把，沒想到贏了七萬多美金，發了一點小財。」這種橫財來去如風，想要掌握，必有困難。流年涵蓋的時間很短，轉眼即逝，命理統攝不到，不必枉費心思。

「爲什麼不用流月或流日判斷？」

算命的基準點在年，流月以下，幾乎沒有準確度，極易落入宿命論者預設的陷阱。

■

命理只對大事情感興趣，芝麻蒜皮則是得過且過。所謂大事，當然就是生涯規劃，透過這種分析讓一個人弄清他該做什麼或不該做什麼；相對而言，短暫而瑣碎的事項因爲與大方向無關，不想過度接觸，更遑論留下什麼深刻的印象了。

我認識的某術士擅長批斷短期財運，他曾獲高人傳授祕技，對一個月、一週甚至一

天的興衰瞭若指掌，功力已臻大羅仙境。他老兄收費奇高，一年十二月收一萬二，等於一個月一千；若是流月，則要三萬，等於一日千元，這種錢有人願意花，顯示這個社會好額人實在不少。由於有些準確度，普受賭徒的歡迎，蓋一次自摸，連本帶利贏回，所以賭客忽視財物的基本價值，賭場裏的錢財最不值錢了。一個顧客曾說：「輸贏既然被人算出，可見冥冥之中存在了一種定數，掌握該定數，就能掌握生命的方向與福禍。」那顯然看扁了人生，也抬舉了自己的能耐。

老鄭聽得怦然心動。戊寅年已是丁酉大限最後一年，大限命宮在酉，太陽、天梁坐守，巨日兼機月同梁的星群，兩者都只見一半，結構相當殘缺，顯示難有一個完整性的信念，做什麼事都是臨時起意，想到哪就做到哪。

「這算一個優點嗎？」

「我看缺點多於優點。」

空宮高達兩個，一在事業，一在遷移，前者表示事業心柔弱，此去不想在事業經營上用心，當然不指望功成名就，後者人際關係的互動總有一股無力感，處處受到掣肘，無法盡心。當算命先生斷此爲一步沒有作爲的運程時，老鄭完全無力反駁。結構殘破一至於此，就算積極進取，承受重責的意願仍然很低，白忙一場而已；不過他經常大獲全勝，有人問道：「這是怎麼一回事？」這就不能完全交給命理了。

太陰化祿於財宮，這是一個重點；斗數經驗指出，此時的重心將放在求財上，積極營運，逐步累積，致富何疑。「這種旺財運拿來賭博，例如打麻將、簽六合彩，照樣無往不利嗎？」這就值得深究了。依我們觀察，賭博的財來去如風，堪稱一翻兩瞪眼，如何確認一個成敗呢？所以這種準是很弔詭的。

財宮受祿吉加持，往這個方向發展，呼應了優點，必能開花結果。老鄭回憶說：「不過有人警告我太陰在巳落陷，發也是虛發，投入求財的行列，吉變爲凶，勢必大破其財，他的說法是否可信？」此說若眞，斗數推論就沒什麼規則了，到處出現例外，無法成爲一門嚴謹的學問。

■

有些人賭性超強，幾個朋友湊一桌打八圈小麻將，輸贏幾千元，一點都不過癮，有本事就到賭場殺個你死我活，目前大都會的角落祕密存在著這種非法賭場，由一些黑道的狠角色經營，因爲東躲西藏，警察追查不易，除非有人自認遭到郎中設計，盛怒之下向警方供出地點，然後前往抄個精光。

賭場上有的是此中高手，更有一些郎中隱藏其間，詐賭的情形並不多見，否則角頭出面，可能當場斷你一隻手，那就划不來。老鄭回憶說：「丁丑年秋末有一次運氣特佳，連了七次莊，自摸四把，一個小時之內就贏了六百多萬？」他問我爲什麼，我無言以對，這種瑣事若與命理有關，還有什麼事情是無關的；命理從此能夠推盡天下事，比美國太空總署的電腦還厲害。

有些高手擅長推算流日的消長，輸贏全在掌握之中，好像他就坐在旁邊觀賞似的，我們沒有那種功力，慚愧得很。丁丑流年命宮在丑，內無主星，多半被外境牽著鼻子走。「那也不見得，昌曲悉數在內，理應提升爲主星，不然算半個主星也可。」應該沒有那種說法；輔星畢竟是輔星，永遠不可能壯大而變成主星，不然就會混亂。主星都在三方，外境的力量很強，善於觀察外境的變化，然後隨風起舞。

歲運星曜多半重疊，牽一髮而動全身；不但如此，祿忌也無一不同，因此在這種年份起心動念，多半與延續性行業關係密切。「賭了十幾年，這算一個延續行業嗎？」賭博不是一個事業，甚至也非一種行業，故無延不延續的情事。此外有人定性超強，就算泰天崩於前，臉色仍舊怡然，達到禪宗「對境無心」的最高境界。術士算到這種命，知道損龜損定了，趕緊端茶送客。

(一)太陰化祿於巳，這是流年的事業宮，也是大限的財宮。

(二)巨門化忌於未，這是流年的遷移宮，也是大限的妻宮。

從流年看，事業宮見吉，遷移宮見凶，祿忌均在三方之內，充分感應，所以這種年份的吉凶是很明顯的——老鄭只能在事業上起心動念，一旦觸及涉外事項，就要遭致挫敗。從大限宮位看，財宮見祿，妻宮見忌，吉是明合，凶是斜照，故吉大於凶。由此觀之，這種年份不錯，凡有所動，都會呈祥。

那麼缺點又在何處？缺點也很明顯，「巨門化忌於未，這是妻宮，婚姻關係緊張，稍見風吹草動，就會受創。」有人指出，妻宮三度遭忌，呈支離破碎狀，婚姻幸福和家

庭和諧必然處於風雨飄搖中，不能不注意。

所謂三度遭忌，係指先天、大限、流年的夫妻宮都受到化忌襲擊，搖搖欲墜，勢必帶來無窮的禍害，婚姻搞砸，離婚、外遇的事層出不窮。不過我們必須了解，婚姻的成敗牽涉他人（配偶），再壞的結構都有人白首偕老，再好的結構都有人勞燕分飛，因為這類成敗從其中一人的命盤上是觀測不出的。

「吉凶交替，好壞接踵而來，我該如何確定？」

「勉強地說，斗數有一項特異功能，就是定宮推論，每一宮有每一宮的特殊功能，按宮推論，相當清晰。」我向來不以為捨此也能獲得眞知灼見：「觀察祿忌的落宮，確立何事吉、何事凶，那才是正統的論法。」

財官雙美

「命理主張有個天生的富命嗎？」

「當然不會。」

「古賦中充斥了富格、貴格以及所謂的財官雙美、富貴雙全等等名詞，偶爾還提示命例，不就證明古代獲貴致富比現代容易而且迅速嗎？」

那是一種誤解；東方國家多半均以農立國，農業和農人才是國家存活的命脈。但是農業社會原本就很難創造鉅額利潤，有些朝代還重農抑商，商機從此廢弛，那種社會是封閉的，賺取生活之資已屬不易，怎敢奢談發財。

古代改朝換代頻仍，由於長年征戰，造成兵荒馬亂，民不聊生，不過照例出現一些富豪，富甲天下，他們的優游和富裕難免引起帝王貴冑眼紅，以致招來橫禍。古代命理家認為富格必能造就富翁，或者富翁必須擁有富格；這種說法顯然有點一廂情願，不符

現實人生的際遇。賦文都是古人的經驗之談，根據古代社會統計的經驗，一千年後的今天當然不合時宜，因此稍作修正或全盤翻修，實屬必要。

「一個人究竟富或貴，或者只富而不貴、只貴不富，如何觀察出來？」

如實地參究星曜的結構和祿忌的落宮，就能隱約發現一些吉光片羽。

富與貴都是抽象概念，一種相當主觀的認定，由自己去感受，自認富貴者富貴，自認貧賤者貧賤，所以修鞋匠每天唱歌而富翁每天愁眉苦臉，終於有解。不過一般民眾都說那是一種客觀存在的事實，例如做了高官便貴，擁有鉅資便富；相對而言，沒沒無聞便賤，缺乏物質便貧，我探問過許多人，他們大多點頭稱是。

命盤上，富貴貧賤又如何顯示它們的軌跡？根據統計，不出下列兩個方向：

(一)財宮不能空虛，否則無力承擔大量的財物，想要發財也難。

(二)福德不能空虛，否則無力開拓財路，困守一兩種財，想要致富也難。

這種歸納稍嫌簡單，應該提示一些規則，供做研究或推論的參考。由於無法預期每個人（或自己）都能避開上述困境，因此只做分析而不給予一個結論，事實上也無法單

丁巳	戊午	己未	庚申
紫微 七殺 天鉞 事業宮 丁巳	戊午	火星 遷移宮 己未	鈴星 庚申
天機 天梁 丙辰	男命 癸卯年十月×日戌時 金四局		廉貞 破軍祿 地劫 財宮 辛酉
天相 天魁 乙卯			壬戌
太陽 巨門 文曲 甲寅	武曲 貪狼忌 擎羊 地空 右弼 左輔 命宮 乙丑	天同 太陰 文昌 甲子	天府 陀羅 癸亥

純地提供一個答案（一個結論）。一些朋友補充說：「命宮軟弱（例如空宮或無輔），這種人心性模糊，思想游移，想要致富，難如登天。」命宮象徵心理狀態，無主星則內心空虛，缺乏主見，普受外境的左右，這些都是缺點；優點也不少，不固執己見，樂於配合別人，這些現象讓他獲得朋友的支持，但無關財利的獲得。

這個癸卯年男命姑且稱他蘇桑，他曾是一家大飯店的客房領班，也做過兩年的健康器材傳銷，目前在進口汽車商行做業務。他的問題是：「我

適合哪種行業？」之所以有此一問，是他懷疑過去那些工作都是浪費生命。命盤上，武曲、貪狼在丑坐命，事業宮在巳，紫微、七殺坐守，財宮在酉，廉貞、破軍坐守，每個宮位都是雙星並立，結構壯闊，無與倫比。不過遷移宮無主星，外緣、人際關係的互動顯呈弱勢，強中仍現弱勢，並非毫無瑕疵。

就結構而言，殺破狼兼紫府廉武相兩組星群重疊，動量很夠，強悍無比；強勢的命局勢必帶來強勢的人生，這種人當然不致庸庸碌碌，過此一生。蘇桑對如此巨構並未表示欣喜，反而有點徬徨，他說：「我經常履險，半生經歷難稱安穩，這種命格確實讓我受寵若驚。」強大的結構必然帶來強大的動能，相對的動盪的幅度也大。

有個算命先生說，蘇桑這種人容易動怒，一經撩撥，就暴跳如雷，成爲命中一破，因此發財只是做夢；他指著命盤的諸星分布，以示所言不虛：「殺破狼最怕破軍化祿，先破後立，劫數難逃；破軍入財，其破必在財。」蘇桑於是問他：「我若執意經商，會死無葬身之地嗎？」算命先生點頭稱是，自然讓人不寒而慄。其實堅持破軍先破後立或先立後破，都是望詞生義；正確地說，這個宮位雙星並立，構造壯觀，得以承受大量的

財，致富可期。

「你們各說各話，我該聽誰的？」

「無論誰怎麼說，老兄仍要自己辨識。」

■

命宮主輔諸星擠入，熱鬧異常，成爲結構之最。蘇桑問道：「這種現象代表什麼意義？」代表雜念很多，經常起心動念，想這要那，十分忙碌；一個人可能有事忙，也可能無事忙，忙裏忙外、忙眞忙假，從輔星多寡倒是可以窺知一二。這些輔星包括了擎羊、地空和左輔、右弼，看起來相當雜亂，其中輔弼有權謀、有手段，處事能力高強；擎羊性剛，地劫富於機智，顯然都有正面的意義，絕非一般想像的那麼惡劣。

主輔諸星還會因爲相互激盪而形成一些特殊格局，醞釀一些特殊潛能，開發出來，成就非凡；格局都是稀有的，擁有格局等於擁有一種致勝利器，成功指日可待。格局的形式很多，此命就有下列三種：

㈠君臣慶會文格。

(二)火貪武格。

(三)火羊異格。

文格利文，在政府機關任職，因爲組織力強，擁有領導統御的本事，常被畀以重任；武格又稱戰將格，能量極高，動性超強，利於武職顯貴，驍將奉命出征或被派駐邊陲，屢獲戰功，五胡從此不敢侵犯中原，故稱威鎮諸邦；現代社會則從事波動行業，往推銷、批發或國貿發展，揚名異域，迅速獲致事功。異格則主異路功名，在非正統行業中發展，得以威權出眾，意思是出類拔萃，揚名立萬。

有些術士指出此命晚發，早年動盪，需要奮鬥到四十歲，然後逐漸穩定，稍微喘一口氣，根據的就是「武貪不發少年人」的古說。依我們看，殺破狼加煞衝力大，本來就有晚發的傾向。不過究竟多晚，仍要觀察行運，此事概由後天決定。

「哪顆星辰顯示發達的遲速？」

「遲速不由星曜決定；星曜本身不蘊含任何的吉凶性質。」

「最近業績奇差無比，跑了整整一個月，賣不到兩輛車子，佣金幾千元，連付房租

的錢都不夠，快要活不下去了。」他問道：「這種情形很怪，無法解釋，是否晚發條件發酵的結果？」

「無關；而與景氣經濟有關。」

蘇桑有點斗數的底子，他看出了一些端倪：「己卯年武曲化祿於丑，流年夫妻宮，化忌於寅，兄弟宮，祿忌概與流年三方無涉，理應安度，爲什麼還會出現困境，是否還牽涉其他的吉凶現象像福報、惡業之類？」

「文曲忌所在的寅正是大限的事業宮，延續行業注重大限的消長，因此今年將是三十四歲以來事業經營最差的一年（另一年是丁丑，巨門化忌也去摧殘事業）。」

「遷移宮（酉）的地劫對財物有害嗎？」

「沒有；空劫富於聯想和虛構，一遇刺激，就會胡思亂想，如此而已。」

斗數主輔諸星中受到誤解最多的就是空劫，它絕非傳統或習命者想像的那樣恐怖，相反的蘊含了高度聯想、虛構與模仿等性質，喜歡胡思亂想，假設能夠落實在專業技術上，這種玄想立刻變成原創力，否則只是天馬行空，漫無邊際地遐思。

目前大限到戌，星曜結構全部改觀，命財二宮均無主星，這兩方面的掌控力極弱，命指心理狀態，故內心徬徨，對前程充滿迷惑；財物支配也缺乏自主性，相對於先天的強勢，這是典型的強命走弱運，整個氣勢趨於緩和，也不會那麼劍拔弩張。

「祿忌落宮後，吉凶的情況又如何？」天梁化祿於辰，遷移宮也，外緣特佳，往外發展，頗得別人的協助；武曲化忌於田宅宮，住所遭到干擾，就會出差、出遠門，居無定所。家裏待不住，又覺得出外可以獲利，那麼此去到處奔走，四海爲家，順勢而作，成就可觀。

天生富命

斗數有個其他命理不曾具備的特色，就是定宮推論，十二個宮位排列有序，一宮有一宮的作用，功能各自獨立也各自發展，因此哪個宮位的人事物出現強弱，一目了然，不必盲修瞎練，枉費心思，到斗數的殿堂反而更遠。

我們強調致富需要一些條件促成，稍微統計一下，首先是先天財宮不宜空虛，空即不足，無力承受巨財，想富也枉然。一個朋友質疑說：「現實中致富的人卻不少，他們的財宮都坐有主星嗎？」抱歉，缺乏這方面的統計資料，不得而知；不過歷代以來致富都是一件十分困難的事，需要許多條件的配合，命理只是其中一項。

命理的功能不在預測或斷言一個結論，因爲那種結論是片面的、主觀的，對一個人的成長沒有助益，事實上也不盡可能；因爲命理的功能只做分析。「分析什麼？」當然是分析命理結構，判其優劣，作爲生涯規劃的參考。許多人後來無論致富或者破敗，多

半經由後天造成，那麼需要觀察運程的得失；拚命在先天結構中搜尋，枉費心思而已。

我們強調的現象一般術士多半不屑一顧，他們認為這種說法荒誕，也許因為學藝不精，只好敷衍了事，無疑的將被識者訕笑。「真的不能預言嗎？」某大師指出：「我們的門派從八代祖師開始，就珍藏了一種神祕口訣，鐵口直斷，不準免費。」稍微考量一下結構的問題，就能發現祿命式的功能範圍其實是極其狹窄的，並非世俗傳說的那是兜率天宮的萬靈寶物，上自天文，下至地理，中及人事，都能窺盡。

■

楊小姐家境貧困，無力供應學費，只好拜師學習技藝，出師後到兩家美髮專門店做了六年，然後自行創業，在美髮界享有盛名，迄今擁有四家連鎖店，每年營業額高達八千多萬，淨利約在兩千萬到三千五百萬之間，讓我們這些男子漢羨慕得要死。她問：「我半生辛勞，現在每天工作超過十二小時，沒有休閒，也沒有娛樂，這算一個好命嗎？」當然不算；不過傳統說的好命、歹命，通常只是一種主觀的認定，當一個人專心發展事業時，她就會樂在其中，吃苦當做吃補，否則這個行業做得無趣，早就改行去

廉貞 貪狼 地空 地劫 癸巳	巨門 祿 左輔 天鉞 甲午	天相 乙未	天同 天梁 陀羅 右弼 丙申
太陰 鈴星 文昌 忌 壬辰	女命 辛卯年三月×日午時 木三局		武曲 七殺 丁酉
天府 火星 辛卯			太陽 擎羊 文曲 命宮 戊戌
天魁 庚寅	紫微 破軍 辛丑	天機 庚子	己亥

了。

事業空宮，弱勢一至於此，當然不指望在事業上大鳴大放，楊小姐能否依靠經營事業致富，令人擔心，也令她擔心；這也是奮鬥過程中必須艱辛備嚐的原因。不過她的公司規模不大，游刃有餘，應該無咎。如果不做獨資而改與人合夥，讓別人分擔一些風險，情況就會大大地改變。

現在的問題是，「她的表現如此傑出，究竟是她改變了命運的軌跡，還是命運約束不了她？」此事需要深入討論，方免疑惑。

行業的型態很多，歸納一下，計有生產業、販賣業和服務業三大類，就性質而言，有門市有武市，創業不是設立一個事業後就坐在家裏等收錢，往後還要積極營運甚至奮力拓展業務，維持事業於不墜。眾所周知，創業不易，守業維艱，做過事業的人都知道，絕不能掉以輕心。

命宮在戌，太陽與擎羊、文曲坐守，太陽是主星，又稱命星；擎羊是煞星，文曲是吉星，都是輔佐之星。「這是一個什麼命？」其實無論說是什麼命格難免以偏概全，不符現代推論的規格。一般深受廟旺利陷之惑，認爲「太陽在戌爲陷，陷者無法求富，想要發財，下輩子囉？」那是一種定命思想，沒有意義。

巨日的人古道熱腸，青春洋溢，喜歡熱鬧，所以天生外緣不錯。一個朋友說：「擎羊坐命，鈴星照入，煞星性剛，攻擊力強，但有股悲憤，搞不好就會弄得玉石俱毀。」古人認爲煞星固然增強了衝勁，但也破壞了命局的完整性，屬於吉處藏凶，意思是說縱然富貴也不長久，過程中難免失職、去職，生活陷入困境。

星曜結構沒有特定的吉凶，不能說坐旺就是吉祥，然後名順利遂；或說星群外觀華麗，命運就此光輝燦爛，前程似錦。「我涉獵不是很廣，讀過一些書也找過人論過命，所有的書和所有的人都主張星好運好，難道有錯？」

「這點我就不清楚了。」

不過我清楚知道，吉凶應該交由祿忌決定，從祿忌之外發現吉凶，必是虛妄。星曜若帶吉凶，那麼命盤排出，這個人一生的功過與罪福也就完全掌握，何必再費力弄那些祿命觀念、推論技術？所以我說：「星曜從未蘊藏吉凶，古人的說法有誤，否則祿忌（甚至四化）就沒有存在的意義，這個觀念務必記住。」

巨門化祿入財，就是俗稱的旺財運，積極求財，進財順利，進帳可觀；化祿也指出此生奮鬥的目標，她踏入社會後就急想創業，這是一個最大的驅力。文昌化忌入遷移，該障礙出現在人際關係的互動上，往外發展，與人交往，難以輕安；她幸好做開店生意，又是技術服務業，不必出門找客戶，因此缺點不太顯著。

■

命理必然反映現實人生，從變化無窮的外境中統計資訊，然後建立一些模式，形成一個普遍定律，後人依此學習，很快就懂得如何推論。俗話說，「出生為人，必有一破」，這個破應指障礙而言，一種無力克服的致命傷——有的人破在財，一生財物困頓；有的人破在事業，一年換二十四個頭家；有的人破在婚姻，一婚再婚；有的人破在子女，親子關係蕩然，不一而足；命理指出方向，認清自己的缺點，然後加以趨避，這就是研究命理的最高宗旨。

台灣的斗數研究者擺脫不了古賦的糾纏，人云亦云甚至以訛傳訛，當然很難獲致什麼真知灼見。例如有人指出：「財宮巨門化祿，註定要靠嘴巴吃飯，一旦涉及生產業，將會因為不適性而慘敗。」問題有那麼簡單就好了；巨門為十四主星之一，雖然具有一些性質，卻非一個具體的事項，否則就會淪為定命思想。巨門何時變成嘴巴，已不可考，但可以確定那是錯誤的，沒有參考的價值。

致富需要外境的條件配合，當條件聚集愈多時，致富的機率就愈高，這是一定之理。有人問道：「該條件是什麼？我具備嗎？」不過好像沒有多少人有此概念。

根據統計，除了一個能夠承受財物的命局之外，後天走到財運，精神振奮，顯然也是一個充分條件；當然啦，若不經商，就算財神爺蒞臨府上，還是會把他推出門外。當條件俱足時，發財宛如桌上拿柑；當條件不足或缺乏時，則要望斷漫漫天涯路。

「形成格局，算不算一個條件？」

「當然算，而且是個優渥的條件。」

命宮的擎羊和遷移宮的鈴星形成異格，異路功名的簡稱；廣泛地說，此格蘊藏了一股巨大的潛能，在專業技術中發揮，等於利用了該潛能，故攻無不克，所向披靡。煞星的本質剛烈，慣採壓制的手段克服，巧取豪奪，難免引起怨懟，遭到同行圍勦。

遷移宮在三方之內，見祿、見忌都能充分感應，故上述說法大致可信；準此而言，人際關係顯然很破，往外發展或從事涉外活動，障礙乍現，立刻招來一些麻煩，例如喜歡管閒事，動不動就與人爭執，經常臉紅脖子粗，一生難以克服。

「何時得以發財？」

「這還用說嗎？當然是走到旺財之運時。」

此運順行，經歷兩個庚、兩個辛，其中庚太陽化祿、天同化忌，均在三方四正之

內，所以直接感應；辛巨門化祿、文昌化忌，均與大限無涉。詳細一點說，庚子大限太陽化祿於戌，這個戌又是夫宮，可能動了結婚的念頭，此去若不想成親，那麼該祿間接照耀動事業宮，想要發揮事業；庚寅大限太陽再度化祿，此時的戌改爲財宮，正是一步如假包換的旺財運。

「我現在接洽的這個行業，在命理規定的範圍之內嗎？」其實不該有這種想法；我的意思是命理絕對不會去管人家要做哪行，因爲那是一種選擇，而非命中注定。

創業與換業若是命中註定，那麼時間到了，太上老君駕臨尊府，奉上十大熱門行業供你挑選；換業與擇業都是一種意願，決定權在自己，所以任何人都有權選擇開創，也都有權選擇做哪種行業，因此成敗操縱在自己的手上，不宜妄自菲薄。

「我若發展一些周邊的行業，例如從事服飾直銷或推銷之類，成敗如何？」

先天事業宮空虛，不能承受重責，規模要是弄得太大，萬一時運不濟，就會兵敗如山倒。因爲好運不再了，往後的運程都是下坡，每況愈下，換業就是另創新業，此去可能遭變，常嚐敗績，做得心灰意冷。

「天府福厚，坐命者一生不虞匱乏，呈現了一副吉祥如意的景象。」

「問題沒有那麼簡單。」

辛卯大限爲紫府廉武相星群，事業宮天相單守，結構十分單純，雜念不多；財宮無星，無力承受大量的財。全局只見一煞（火星在命），衝勁不是很夠，環境今非昔比。此外化祿（巨門）不來庇蔭，沒有明顯的奮鬥目標，想要振作，總覺得欠缺了什麼；所幸化忌（文昌）也不入命，不虞遭到挫敗。這是一步靜運，凡事只能按部就班而無法躁進也。

落井下石

富是富、貴是貴，兩者本質不同，現在人已知不但本質不同，形成的條件也異，故宜分論；傳統命理中富貴偶爾分論，偶爾合論，糾纏不清，讓人搞不清狀況。這種現象必有一些歷史的背景在焉，科舉大興後，布衣可以爲卿相，榮華富貴不再高不可攀，只要通過考試，從童試、鄉試、會試到殿試，一路挺進，過關斬將，兩榜出身，富貴功名就此到手，所以有貴才有富，先貴後富。

在過去的年代，所有的菁英幾乎都選擇貴顯，努力讀書，科場連登，然後做官，無論在朝爲官抑或外放做牧民官，都有極好的發展機會。社會多元化後行業的形態也丕變，成就不再侷限於做官或某些傳統行業，每一種幾乎都值得投入心血，長期經營。

學習的過程總會遭遇一些難題，有大有小，有單純有複雜，例如有人問道：「成格的命較易發達，根據什麼理由？」根據一個重要的理由，就是格局都會醞釀一些特殊的潛能，開發出來，得以衝破命運的樊籬，肇致空前的事功。格局計有文武異惡四種，文如君臣慶會、武如火貪、異如鈴陀、惡格如鈴昌陀武，前三項的能量釋出並轉化爲專業技術，迅速獲得名利。現代社會對於成格的命沒有限制，所以每次發現有人成格，總要另眼看待，並寄予厚望。

這類格局在從前的年代極少被人提及，更遑論開發與轉化了。朋友質問道：「歷代以來，研究者人材輩出，居然無人理會，委實不可思議。」據我研究，原因也許有二，一是沒有開發的價值，即使擁有，也是英雄無地用武；二是不知有這些格局，當然就不會積極開發了。

現代人研究命理比較敢於懷疑古賦或師承的正確性，並透過科學方法檢測那些經驗，通得過者予以發揚，通不過者掃地出門，絕不鄉愿。「算命先生一旦忽視，豈非耽誤了人家的功名？」其實發現格局並不困難，稍微留意星曜結構，敝著「陳希夷檔案」《推論解說》對這些格局有一些統計和說明；習命者罔顧格局的存在，初級班都畢不了業，還敢揚言他是大內高手嗎？

天梁 文昌 忌 癸巳	七殺 地空 天鉞 命宮 甲午	乙未	廉貞 陀羅 丙申
紫微 天相 地劫 壬辰	女命	辛亥年十月×日巳時	文曲 丁酉
天機 巨門 祿 鈴星 辛卯	金四局		破軍 擎羊 事業宮 戊戌
貪狼 火星 天魁 財宮 庚寅	太陽 太陰 左輔 右弼 辛丑	武曲 天府 遷移宮 庚子	天同 己亥

顧客駕臨算命館，出示生辰，排出八字（或命盤），算命先生瞧了一眼，首先就是判別屬於哪種命格——貴或富，做爲未來發展的標準。所以下列斷語堪稱司空見慣：「祿權科入命，三奇嘉會也；名利雙收，誠然一個好命人。」這是一個高級命格，榮華富貴，唾手可得；相對而言，「化忌挾煞沖命，吉星悉數遁形，這種命格一世人撿角啦。」則是一個劣等命格，終生貧困，翻身無望。如此這般，在先天結構確立一個人成就的高低，顧客的前途掌握在術士的手上，

他叫你富貴你就富貴，他叫你貧賤你就貧賤，誰敢違逆，準被殺無赦。

■ 某些古賦帶有性別歧視，現代人總是大惑不解，其實那是很正常的；斗數創始於宋初，當時的社會十分守舊，依此而統計的數據當然不符現代的規格，假設現在就是明清時代，恐怕也會覺得格格不入，所以後代學者必須做一件事，就是檢證，重新檢視推論的過程是否客觀，結論是否具有普遍性，然後才能繼續使用。

在封建時代，女人既無地位也不可能擁有資產，命格再壯觀、格局再亮麗，都是聾子的耳朵——擺著好看而已；你要是斷她們即將飛黃騰達，然後位高權重，可能被懷疑吃豆腐，當場被亂棒逐出。現代社會允許女性從事各種行業，幾乎沒有禁忌，因此討論女命不再另眼看待，提出強宮、弱宮的區別，而跟男命一視同仁。

張小姐就是這個辛亥年女命，七殺在子坐命，古籍指七殺在子坐命，格成「七殺朝斗」她自我想像說：「七殺殺氣騰騰，本已不吉，地空又空其所有，簡直一無是處。」我覺得十分有趣，於是問道：「上述論述從何處學得的？」她答：「從書上看來的。」

這種答覆食古不化；其實憑此一星，仍然看不出什麼特色；斗數屬於整體祿命式，需要三方四正的星曜一起考量，才能觀察結構的優劣。商學系研究所畢業後，進入一家外貿公司當會計組長，成爲老闆的得意助手，她當然殷切希望自我發揮：「我一定會創業，也許做貿易，也許開一家專賣店，你看我有多少能耐？」我說：「預祝生意興隆。」命局強勢，敢做敢當，命運不易讓她就範。不過術士不宜自我涉入，因爲那只是別人的選擇，慫恿做什麼或不做什麼，主觀地研判一個成就的高低，都是宿命論。

她有一堆的問題，每個都十分有趣：「我坐命於午，火旺之地，脾氣因此暴躁嗎？而七殺見刃，可能造成殘傷嗎？我若上班，也會發達嗎？」其中多數只是以訛傳訛，沒有實質的意義。由於算命社會尚未建立一個秩序，顧客敢問，術士就敢答，或顧客青菜問，術士加減答，就算再荒誕不經的結論，最多只是半信半疑而不致當場翻臉，揚言「你妖言惑眾，我要上法院告你。」

殺破狼的能量大，充滿毅力和野心，任事積極；加煞後攻擊火力更強，性喜冒險犯難，火中取栗。遷移宮見天府，又稱天府朝垣，但輔弼悉數遁形，因此她出外遇到的都是一些孤君，擅長孤軍奮鬥，自肯自得，而無法推己及人。

不過有個問題也要關心一下：「何謂朝垣？朝垣也會發達嗎？」初次接觸斗數的人難免被這些名相弄得頭昏腦漲，研究者目前急需做一事，就是定義，把許多古賦定義下來，免得再打濫仗，例如「朝垣是否略遜於帝星坐命？」

垣指的是命宮，正確地說是命朝天府或天府照命。「此象有什麼特殊的作用？」從前的社會沒有分別，反正別人是老闆，我只能做伙計；現代社會誰都可以創業，故非弄清楚不可。朝垣泛指別人爲帝君、我是使臣，賓主關係確立，因此輔助別人，才算適性。帝星照命跟帝星坐命畢竟不同，最好分辨出來。

「我最好別輕舉妄動嗎？」

「一切從頭做起，亦步亦趨，只要不異想天開，大概不虞有重大的災變臨身。」我告訴張小姐：「行業的型態很多，避開成大事、立大業的雄心壯志，改變數大便是美的觀念，那麼開個小店面、經營一家小公司，就會游刃有餘。」

結構如此強勢，她豈甘於雌伏，預料她將千方百計試圖改變現狀，這也是人之常

情。所幸生在現代社會，男女平權，機會均等，在公務上或生意上互別苗頭，成就甚至超越男性者大有人在。

此命形成兩個格局，潛能無限，任何人都不宜掉以輕心：

㈠財宮構成火貪武格。

㈡事業宮的擎羊與財宮的火星構成火羊異格。

武與異的性質稍有不同，武格（殺破狼加煞）能量大，利於波動行業，從事推銷、批發或國際貿易，產品行銷全球五大洲；異格性格尖銳，在技術業中安身立命，得以突破困境，開創新機運。她問：「除了外語之外，我什麼專長也沒有，情況又如何？」我說：「那麼煞星的性質就會赤裸裸地呈現出來，干擾神經系統，讓妳神經過敏、脾氣暴躁，也許還帶來些許躁鬱症，吃不完兜著走。」

除強弱外，還要觀察吉凶牽引的位置，發現此生功過的所在。巨門化祿於卯，子女宮也；文昌化忌於巳，兄弟宮也。祿忌均不入命，沒有特別好與特別壞的事項臨身，故能安度——吉凶都在六親那裏，妥善照顧卑親屬，對同胞的苦難卻吝於付出。

假設我們說某人一生旅程，風平浪靜，海不揚波，這是一種概括性說法，實際上不太可能如此安逸；相反的內心普受外境的影響，經常起心動念，也不可能每天都在那裏空思妄想。不過命理的功能畢竟有限，只能推論到這個程度，再下去就難免深陷定命論的泥淖，難以自拔。

■

大限到辰，紫相坐命，仍需輔佐之臣，如今無輔，心境相當孤獨，看來還要繼續孤軍奮鬥。她倒是看得很開：「孤獨是我的宿命，早已習慣，不過我想了解的是這種奮鬥有無意義？」這就難以答覆了。若問：「人生的目的何在？」每人的志向和人生觀不盡相同，豈能一概而論。

有些人對環境的刺激與反應比較遲鈍，即使刮風下雨，內心依舊如如不動，定性如此之強，適於研究學問或乾脆修行悟道，而不指望開創巨業，成就名利。一般而言，強勢的命局感受直接而迅速，立刻做出判斷，遇事速戰速決，絕不推拖拉。

武曲化忌入財宮，財物收支的穩定性備受干擾，造成一些動盪，導致進財困難破財

卻易的局面，此時積極求財，很難如願。世俗指出這是一步破財之運，結構的缺陷非常清楚，一旦跟財結緣，通常就會大吃悶虧，花錢消災還不一定了事。

「遷移見羊、事業見陀，兩把利刃進入命宮，殘傷是免不了的。」

「此說並不確實，可以不必疑慮；須知所有的災難（意外）都是特性，也許隱藏在命運之中，卻不可能寫在命盤之上。」

「雖不曾傷我，卻會傷及無辜嗎？」

「這類傷害多半只降臨於少數人的身上而不發生在所有同命者的身上，命理依例只能觀測共性，對這類特性只能坐視。」

天梁化祿於父母宮，作用不顯，因爲那是一個非意志宮位；不過坊間透過定宮原理的觀測，此時的合夥宮在酉，那麼這個巳宮（父母宮）不就是合夥人的財宮嗎？天梁祿入合夥宮的財宮，等於幫合夥人發財。由此觀之，這種運程應該協助合夥人獲利，而非自已埋頭苦幹，所以私心不能太重，不然也要砸鍋。

「自我開發，運程的助力有多大？」

「不但不太，恐怕還會被落井下石。」

壬辰大限坐紫會府，雙帝在命，內心篤定，承擔力足，既是旺運，就會刻意參與一些挑戰，接受環境的磨礪；強運中最好尋求自我發揮，繼續爲人作嫁，心有不甘，所以這種運程還有許多變數在。

如果開創一業尤奇從事販賣業，擺明就是想賺錢，那麼武曲忌將被凸顯出來，當場發出雷霆萬鈞的破壞力量，干擾財物，讓她無法控制甚至預估。她問：「破產嗎？倒閉跑路嗎？或者跟人打財務官司，以致糾纏不清？」我答：「不能確定，端視外境的條件而定。」一成一敗，結局差別甚大，不宜小覷。

■

「未來呢？」

「未來的變數仍然很大。」

辛卯大限機巨坐命，兩組星群重疊，氣勢不弱，不過那只是一種表相，當我們進一步觀測時，發現結構十分脆弱，蓋兩宮無星，一宮雖有主星卻無輔星，全部相加，只見

三主星、二輔星，其中主星佔十四分之三，輔星佔十二分之二（六分之一），幾乎沒有能力撥亂反正，更遑論獨自奮鬥、開創機先了。一般而言，弱勢只宜安逸度日，想要開創，恐非一件易事；空虛之宮缺乏自主性，其成與敗全掌握在別人的手裏。

「條件不夠，翻身無力，不是死了一半嗎？」

「似乎如此；不過還是可以趨吉避凶的。」

斗數的空主弱，承擔力不足，行運至此，事業心軟弱，比較無力處理事業中遭遇的困境，凡事只能隨緣，過度堅持自己的原則，就會自討苦吃；遷移空則是人際關係的自主性弱，傾向於被動，固執上述諸項，就會覺得力不從心。台灣俗諺說得好，「一枝草、一點露」，弱運有弱運的功用，守己守分，按部就班，保證通暢無阻；若想強出頭，那麼就會屢遭險阻，半途碰到鬼打牆，當場跌得鼻青臉腫。這種運程只宜安步當車，一步一腳印，急功近利才有「遠水救不了近火」的喟嘆。

張小姐雙手一攤，幽幽地說：「看來我只能坐以待斃嗎？」

「等待是一種藝術，也不失爲一個解決的良方。」我說：「若有本事，那麼從事一些不靠運沖的行業，強運弱運、好運壞運，就可以一腳踢開。」

巨門祿在命宮、文昌忌在福德，關係都很密切，一步動運也；內心當有一些企盼，亟待完成宿願——祿直接感應，忌間接作用，故吉多凶少，理論上算是一步吉運。她說：「**No**，對投資理財而言，福德的重要性強於命宮，化忌優於化祿才對。」確實有此一說，那是呼應上的問題，其間自有一些差別。

慈善家老闆

晚上十點多，在高雄五福三路開設精品店的張小姐結束了一天的營業，收拾物品，統計營運狀況，鎖好鐵門，然後驅車到附近一家咖啡屋，兩個朋友在那裏等她聊天。她思想細膩，極具巧思，從小就對一些精緻的東西表現高度的興趣，十幾年來，搜集了數以千計的精美小品，自己也動手製作，後來乾脆開店，與顧客分享。

天梁坐命，古籍說那是「抱私財益與他人」，濟貧助弱，人溺己溺，有著慈善家捐輸濟人的胸懷，情操十分高貴。這種人就算經商，也不會趕盡殺絕，而是照顧別人，替人著想，所以不算一個優秀的經營者。不過上述說詞仍不脫定命思想，蓋僅憑一顆主星就洩漏了所有的天機，不可能準到哪裏去。命理需要考量整個星曜結構，觀其強弱與功過，否則就背離了推論的原則。

求財當然希望獲財，藉著累積財富來證明自己的能力，並傲視群倫，驕其鄉里；求

太陽 陀羅 事業宮 己巳	破軍 庚午	天機 擎羊 遷移宮 辛未	紫微 天府 天鉞 壬申
武曲 祿 戊辰	女命 己亥年十一月×日亥時		太陰 財宮 癸酉
天同 文曲 忌 丁卯	水二局		貪狼 火星 地劫 甲戌
七殺 左輔 丙寅	天梁 命宮 丁丑	廉貞 天相 地空 右弼 天魁 丙子	巨門 鈴星 文昌 乙亥

財而不指望得財甚至劫富濟貧，那是慈善家的胸懷，非凡夫俗子所能爲。

懂八字者知道這個格言：「命裏有時終須有，命裏無時莫強求」，乍看之下，覺得有點宿命，蓋有與無均已註定，後天無力回天也。依我們看那不過是在告誡後生小子，人的福禍是有個別差異的，有些人一世優游，有些人終生貧困，有就是有，沒有就沒有，都是命中註定，玉皇大帝才不跟你討價還價。

我們必須假定任何人都適合求財，正如必須假定任何人都適合求名

一樣，命理不會也不必規定哪種星群才能追逐名利，獲得富貴。不過命理強調適性發展，發揮個己的優點而避開缺點，唯有如此，才能無咎。有人指出：「天梁的性格畢竟柔和，與世無爭，經商求財，這種財勢必傾向於門市。」也許正確，也許未必。事業的經營可以自由發揮，不能規定非做哪種不可；不過檢討結構的得失，依例仍要觀察三方四正的主輔諸星，而不能只看其中一兩宮或一兩星。

機月同梁上班最吉，加煞後有點激進，仍以穩定性強者爲準，門市生意、企劃開發以及學術研究等等都算適格。其實命財二宮均無輔星，這兩方面相當清純，慾望不高；事業與遷移照見羊陀，則有點欲念，不妨從此發揮。若執意在波動行業中安身立命，等於呼應了命中的缺點，難言吉祥。

文曲忌入福德，障礙在此，投資理財總有無法克服的困境，動輒得咎，所以只能小心翼翼，過於急躁，劣績凸顯出來，無所逃遁。張小姐擔心的就是這點，所以她說：「我乾脆選擇上班，固然不發，但也不致破敗。」這是兩害相權取其輕，除非克紹箕裘，無法逃避，否則做個上班族，才能優哉游哉。

一個懂命理的朋友曾預言說：「田宅宮坐祿，財庫豐厚，祖產無數。」也許對，也許不對，不過正統命理沒有那種說法；先天田宅宮象徵二事，一是祖基，屬於抽象概念，二是祖居，屬於具體事物，無論何者，均爲族人所共有，從一人的命盤中顯示它的盈虛，並無道理。

假設張小姐執意投入經商的行列，那麼她就很難輕安，經常造成投資失策，蓋財路受阻，等於錢丟進水裏，多年心血毀於一旦，令人扼腕。有人警告過，但她半信半疑：「若是眞實，破敗的機率高嗎？」這就無法估算了。命理無力預測一個外境的成敗，這是祿命式逾越不了的極致，與個人功力的高低無涉。

「今年擴充營業，可乎？」

「擴充不能只看流年的得失，而要回顧十年大限的興衰。」

己卯年屬於機月同梁星群，大限到辰，則是紫府廉武相星群，大限強於流年。就大限而言，見祿（貪狼）不見忌（天機），故爲一步好運；而流年武曲祿進入大限命宮，今年對舊業的經營充滿信心。

根據「命運分離」的原則，此事屬於後天行運中的消長，考慮大限與流年之間的關係即可，除非重大變革，例如創新或改行，才要回頭斟酌先天的結構，瞧瞧先天是否具備。流年祿忌牽引的位置大致如下：

㈠武曲祿於辰，大限命宮兼流年父母宮。

㈡文曲忌於卯，大限兄弟宮兼流年命宮。

由此觀之，歲運之間的祿忌分布頗爲複雜，蓋祿入大限命宮、忌進流年命宮，難分難解——從另一個角度說，大限命宮與流年命宮呈「交換祿忌」狀態，流年凶而大限吉，因此延續行業可做，臨時起意的新業最好打住。

■

兩年多前，有個大師預言說，五十二歲庚午大限破軍與祿存同坐命宮，太陽化祿進入先天事業宮，充分感受祿吉的作用，這是一生中最強之運，把握良機，名利將達於巔峰。張小姐問：「他的預言有點樂觀，可信嗎？」祿存坐命是虛假的，羊陀夾命才是眞實的。強弱不能只看一星或一宮，而要考察整個星群結構。

後來有人慫恿她：「好運是難得的，此時不跳，以後也許就沒機會了。」這句話牽動了她的內心，讓她有些遲疑。

那種說法顯然自我涉入，犯了命理解析的大忌。

此後逐漸進入晚景，運勢趨於緩和，運氣稍嫌不足，延續舊業才能無礙。算命先生好像不管那是什麼歲數，反正順著顧客的話說，美其名爲命格解析，其實只是在那裏虛與委蛇，然後收取高額潤金。

殺破狼必然會在等邊三角形上相遇，破軍守命，事業宮必爲貪狼、財宮必爲七殺，走遍天下，沒有例外。這種星群的動量原本就大，加煞後更是強強滾，衝擊力大到無限，一遇障礙，多半採取霹靂手段，予以克服。萬一時運不濟，慘遭挫敗，就會兵敗如山倒，頃刻間跌到谷底。算命不能只算主輔諸星，說出結構大小、運勢強弱就拉倒，那未免太輕鬆愉快了；最後仍要指出吉凶的位置，供做趨吉避凶之用。傳統命理習慣在星曜中定義出吉凶，見星即見吉凶，似乎乾淨俐落，其實暴露了對斗數知識的缺乏——吉凶概由化祿、化忌牽引，毫無例外。

在吉凶分布上，太陽化祿於兄弟宮，幫忙同胞成事發財兼解決問題；天同化忌於子女宮，親子關係時陷低潮。上述祿忌所在均非張小姐的宮位，所以沒什麼事故臨身，運勢緩慢進行，難再激起浪花，我們稱此為一步靜運。

「無論好壞，都是十幾二十年後的事，世事變化無窮，豈能逆料。」不過她終於說出了內心的話：「一個人活到了那種年紀，閱歷豐富，應該知道如何趨吉避凶了，所以我對此去的得失並不太放在心上。」

「確實如此。」

既然不與財物、事業相涉，顯示這個階段的重心不在此，她大概不會積極求財，當然也就不會忽然得財，這種運程只是清心寡欲，人到無求品自高也。試想，我連有心栽花花都不發了，豈有無心插柳柳成蔭之理。

「當今之世，有人對錢財完全無動於衷嗎？」

「恐怕很少。」

世事都有一個極限，愈迫近這個極限，效果就會愈遞減，例如睡足了再也睡不了，吃飽了，就算滿漢全席當前，也是胃口缺缺；唯獨錢財不怕多，愈多愈不嫌多，非常奇怪。在十年的大限中偶遇流年祿忌牽引，內心還是會怦然動念，亟想趁此發揮一番；不過這只是流年的消長，很快就事過境遷，恢復原狀。

靈性境界

命理認為每個人都會有一兩步好運可走，從此人心振奮，精神抖擻，因而獲致一些成就。其中仍有一些變數出現，例如唸理工的原想做工程師，卻因家裏開貿易公司而被迫改行。在行運中，全部走事業運或全部走財運，根本不可能；若有這麼規則，那非龍騰虎躍不可。多數情況可能只進命宮或進遷移宮的好運，前者重視享受，後者廣結善緣，對事業與財物的作用只是間接感應。

運程的走勢根據命宮的坐標而來，當命宮的關係位置確定了，後天行運的起伏狀況也告確立，無法改變分毫。台灣社會盛行改運，術士藉著祈禳、拜斗和調整風水幫信徒消除楣運，捎來好運，充其量是個江湖伎倆，唬點銀子花花而已。運要是能改，這個世界還有貧困之人嗎？而術士還要繼續做術士嗎？

「有人完全不走運嗎？」

天機 忌 鈴星 丁巳	紫微 擎羊 文曲 戊午 財宮	天鉞 己未	破軍 文昌 庚申
七殺 陀羅 丙辰 遷移宮	女命 戊戌年十一月×日寅時 水二局		地空 辛酉
太陽 天梁 火星 乙卯			廉貞 天府 壬戌 命宮
武曲 天相 左輔 甲寅 事業宮	天同 巨門 地劫 天魁 乙丑	貪狼 祿 右弼 甲子	太陰 癸亥

「大概沒有。」

何謂「好運」，迄今仍有相當的歧義；一般認爲，化祿入事財二宮，求名求利，無往不利，才算一步貨眞價實的好運，其餘宮位略遜。果眞如此，範圍縮小了，功能晦暗了，豈是原創者的旨意？如果廣義地指三方四正甚至兼及福德、夫妻，範圍就無限寬廣了，那麼四十年內必然見到一祿，走運不再困難。

一般人無不期待遇好運而不拒絕凶運，只想獲利而不要遭破財，好像吃肉只挑瘦肉一樣，可能如願嗎？當

然很難。運程大約六到七個，其間必然有吉有凶，甚至吉凶參半，只見吉祿環繞而不遇煞忌雲集，根本不可能。有些人前半段走了好運，記得當時年紀小，感受不到吉祥的作用，好運若有似無，但是誤以爲未曾走運，中年之後宛如久旱盼雲霓地企盼好運到來，結果空等，於是大罵命理失準。

林小姐第一次接觸命理跟一般人差不多，興沖沖找人算命，算不準或覺得算命先生在那裏信口開河，盛怒之下，買了幾本命書回家閱讀，試圖自己解開命運的神祕面紗，耳濡目染之餘，多少了解命運是啥，命理描述的又是啥。她說：「那種符號宛如天書，實在不是給人讀的，連篇黑牘，聱牙詰屈，難以下嚥，一點都不假。」讓她大開眼界的還是，術士無不主張天府福厚，名利雙收，坐享富貴，那是別人無法想像的，也是別人比不上的。

「我個性有點急躁，跟與羊陀照命有關嗎？」

「可以說有，可以說沒有。」這種答案必須解釋，否則就會含混：「說有，那是一種衝勁，憑此衝勁，做事積極，慾望增大；說沒有，因爲羊陀只是顯示這個人的心性，而非羊陀會去害人。易言之，林小姐本來就具有那種習性，經由羊陀反映出來。」斗數論命主輔諸星一起考量，只看主星或只論輔星，都難免以偏概全。

命宮在戌，廉貞、天府坐守，天府為南斗帝座，隱然有種君臨天下的氣勢，她們擁有豪情壯志，不讓鬚眉，旁邊的人大多感覺得到；但是過度堅持己見，喜歡鑽牛角尖，難免眼高手低，偶遇挫折，無力突圍，就會大嘆懷才不遇。

紫府廉武相穩定中略帶衝勁，能守善攻，堪稱文武雙全；坐帝會帝，須照輔弼；輔在事業宮，「君臣慶會」宛若天成，這種人天生組織能力強，擁有領導統御的本事。由於見煞（羊陀），毅力和衝力都強，表現在事業經營上，隱然有股霸氣，在協商溝通之外，還將採取強烈手段予以克服。

「文格利文，古籍稱為文職顯貴，往文職的方向發展，適才適用，成就必高；照煞後富於沖激，開始沉不住氣，從此難安現狀，看來只有改弦易轍，武職顯貴去了。這兩種現象衝突後，性格丕變，可能招來橫禍嗎？」

「難免招惹一些事故，若是意外災難，看來就不會了。」

星群本身並不蘊藏任何的吉凶，因此壯闊不代表吉祥；吉凶概由祿忌決定，我們觀察祿忌的落宮，即可掌握一些成敗的軌跡。貪狼化祿於子，福德宮也，此生奮鬥的重心在此，他將努力開拓財路，讓財源廣招。天機化忌於巳，疾厄宮也；健康的事具有個別差異性（命盤相同，遭遇卻異），無論吉凶，都不顯示在命盤上。

有人認爲財宮既然象徵物質，那麼福德自然象徵精神，兩相對照，從旺弱中判別一個人究竟物質慾望較高或者精神境界較高——前者喜歡追求物質，重視感官的享受，後者嚮往心寧境界，清靜無爲。此說並不正確，因爲只是套合古說，人云亦云，缺乏現代人的理念，沒有參考的價值。

無論如何，化祿居此，這是一個吉化，把人生的方向調整到此，算是發揮了優點而避開了缺點，從此履險如夷。林小姐問道：「行業那麼多，每個都很適性，卻又好像格格不入，不知如何選擇才好？」這是把人生的事項完全託負命理的結果，其實她應該考量自己的才學與膽識，並隨時斟酌環境的得失，判其優劣。

■

「做為一個傳統祿命式，斗數為什麼不能跟八字一樣把成敗預測出來？」

「其實八字同樣缺乏預言的能力，不要誤會。」這個問題相當複雜，必須從基本結構談起，那要勞師動眾，我現在只能長話短說：「命理好像一張建築藍圖，又像一張x光片，顯示的是一個結構的內涵，也就是一個人內心的世界，而非外在的環境，因此斷言其間的得失就是嚴重技術犯規。」

「許多大師預言國家大勢、財經景氣以及社會治安的興衰，難道是假的？」

「我若堅持那是假的，立刻有人說我在嫉妒別人，不談也罷。」

四十二歲起命宮到午，這是先天財位，沒有特殊得意義，不必強作解釋；紫府廉武相擔當力足，得以承受各種災福，接受環境的挑戰。林小姐問：「這回換成坐紫會府，因勢利導，我可望獲得財神爺的青睞嗎？」紫為北斗帝星、府為南斗帝星，情勢倒轉，這種現象暗示什麼？暗示將形成一些不同的性格取向；不過斗數論命迄今無法論到這麼細膩，而只能概括地說那是兩個帝星，坐照命宮者，能量充足，信心十足，追逐名利，雷厲風行，劍及履及。

「古賦說，紫微有解厄制化之功，紫微進殿，諸煞退位，這應該是一步吉運。」

「古賦失實，不能據此推論吉凶。」

我們認爲紫府都是一顆主星，與其他十二主星類似，也許蘊含一些性質，但都是中性的；輔弼照與不照，星曜結構差別才大，這是一個重要的關鍵。所幸此去輔弼遍照，成格無疑，有人協助，不致孤軍奮鬥也。

貪狼化祿於子，遷移宮也；天機化忌於巳，兄弟宮也。祿忌均與先天無差，只是宮位改變，吉凶牽引的事項因而有些不同，判讀出來，即知目前的行運可能遭遇哪些福禍。一個術士指出：「先天祿忌繼續發揮威力，所以這是雙料的祿和雙料的忌，作用力奇大無比，不宜小覷。」依我們看並無此事；先天爲命，後天叫運，此去命運必須分論，否則就會糾纏不清。

一般認爲，見祿大吉，無論目前從事何業，都有斬穫，擷取名利或其他的事物宛如桌上拿柑；進一步地說，不見忌則保證無傷，不虞發生意外事故。這種觀念流傳了千百年，早已根深柢固，不過並不正確，蓋未免太小看了人生的複雜性。

■

「天機的性質爲動，故丁巳大限動盪不安，即使到了晚年時刻，仍然無法安度。」

「天機從來不主動，此限的動因不在天機，而在於祿忌的牽引。」

若依古說，天機先天化忌，會照大限的巨門忌，兩忌相激，破壞力更強、更爲猖獗。她說：「行運至此，災難如排山倒海而來，實在令人心生畏懼。」其實大可不必害怕，因爲災難絕對不寫在命盤上；這個天機忌爲先天忌，行運後已經刪除，沒有作用了。大限中要用大限宮干化出的祿忌，方免重複，造成結構的紊亂。

天機守命，三方所見，機月同梁本質柔和，耽於安逸，即使求財，也是採取柔性的手段。「同巨坐財宮，據說必須求某種類型的財才算適性，獲得的數量也多。」依我觀察，「那是望詞生義」；傳統命理認爲這種人註定「靠嘴巴吃飯」，老師、策士、解說員之類，「**why?**」因爲巨門象徵口舌，不妨引伸爲嘴巴；其實靠嘴巴吃飯的人很多，不一定都是巨門坐命。

「行運至此，就會鬼使神差地做那些行業，巨門的本質受到誘發，等於呼應了它的

優點，從此步入坦途，事業成就，指日可待。」

「那只是定命論者的想像；就算符合，也與巨門無涉。」

這種運程有兩個缺點，提示出來，給當事人參考，才算功德圓滿：

(一)事業宮（酉）與福德宮（未）均呈空虛狀態，行運至此，經營事業和開闢財路顯然都有無法承受之重。

(二)巨門化忌於丑，財宮也，進財困難，損財卻易，常為財物收支的不穩而煩惱。遷移宮象徵外緣，往外發展或從事波動行業，等於呼應祿吉，事半功倍，毫無疑義。「我若移民海外，可乎？」移民的問題很複雜，牽涉的多半是外境的條件，因此不能只考慮命理一個。「我的意思是說，命盤上是否顯示這種跡象？」當然沒有。

祿忌分別照命，牽動整個星曜結構，顯示這是一步動運，偶遇風吹草動，就會起心動念，晚年雖想歸絢爛於平淡，內心還是忙碌異常。「我若不發展事業，改到慈善機構做義工，情況是否改變？」把這種動力發揮在利他行為上，歡迎都來不及，命運軌跡自然改觀。

同爲吉運，由於星群結構有別，其間仍會出現一些差異，林小姐問道：「戊午與丁巳的化祿均在遷移宮，外出得利，我改做武市如何？」遷移宮的廣義說法是外緣，包含所有的涉外關係和人際關係，祿入此宮，外緣有助，往外發展，事半功倍。外緣的行業很多，例如推銷、中盤批發、國際貿易和業務代表，都算呼應了優點，成就必然卓越。

王者之風

台灣俗諺說，「生理囝歹生」（生意高手難以出世），巨商富賈雖然精明幹練，不是一誕生就會做生意，八歲做業務經理，十二歲當董事長，唸高中時已是幾家公司的董事。生意健將跟運動健將一樣，養成的過程十分艱辛，刻苦耐勞，嚐盡苦頭，然後略有所成；經商和藝術創作都要具備一些天份、一些執著以及一些樂此不疲的傻勁。

朋友問道：「命理規範哪種星群適合經商，而哪種星群的人只能從政或教書嗎？」

我說：「雖然有一些，但多半不確實。」

古典命理確實有些記載，《陳希夷紫微斗數全集》收錄了〈定格富〉、〈定貴格〉兩篇文字，對富與貴的形成和作用有些特殊的看法，不妨參考；此外還列出〈定貧賤格〉，讓人按圖索驥，了解自己命運的榮枯。依我研究，古書提示的方法相當偏頗，不足為訓。究實地說，凡是在先天結構中固定了一個人的成就，這種主張即使說理清楚，

己巳 天同 陀羅	庚午 武曲 祿 天府 財宮	辛未 太陽 太陰 擎羊 火星	壬申 貪狼 天鉞 鈴星
戊辰 破軍 右弼 遷移宮	女命 己亥年七月×日戌時 火六局		癸酉 天機 巨門 地劫
丁卯			甲戌 紫微 天相 左輔 命宮
丙寅 廉貞 文曲 忌 事業宮	丁丑 地空	丙子 七殺 文昌 天魁	乙亥 天梁

方法紮實，仍無認知的意義。無論古今，職業（行業）都是可以選擇的，愛做什麼就做什麼，端視有無本事而已；規定該做哪行或不做哪行充其量只是一個定命思想。

某大企業家告訴我一個成功的祕訣，堪稱千金難買：經營事業不能一味想贏，頃刻間擁有巨資，名列富商之林；相反的要想輸，輸得脫底，從此一文莫名。所以內心必須充滿危機意識，然後慘澹經營，艱苦卓絕，則保證沒有衝不破的困境。我們確定，沒有兩把刷子想貿然投入競爭力強的

行業，那是拿資金在開玩笑，不丟盔曳甲、落荒而逃者幾希！

梁小姐跟一個客戶通完電話，覺得精神有點恍惚，頹然坐在椅上，眼淚差點流出。她最近被一些問題糾纏著，魂牽夢縈，導致寢食難安，精神渙散。這天午後，她向同事要了一個地址，驅車前往近郊一排透天厝中的一間，向一位高人當面請教。一個中年漢子端坐其上，他穿了一件蛋白唐衫，作道貌岸然狀。她一坐定，沒有客套話，報出生辰，高人迅速排出命盤，端詳良久，終於口宣玉音：「紫微、天相坐命，帝星有傲氣，天相爲宰輔，福澤深厚；但是命入地網，一生都在掙扎，命運就有點坎坷了。」

「好像很準。」她問：「依先生看，我這種命格高嗎？」

「那當然。」術士爽快答說：「財星入財宮，天生的富格；天府入財宮，庫存豐盈，一生不虞匱乏也。」這番話非常中聽，事實上她也聽進去了。

人在徬徨無依時，別人一句無心的話可能帶來刺激，引發其他的聯想，從此改變生命的軌跡，變不可能爲可能。也許受到術士的鼓舞，梁小姐在半年後果然捲起袖子跳出來，在市區開了一家精品店，專門販售歐美名牌服飾。我問她：「發財了嗎？」她微笑一下：「發財倒沒有，夠開銷而已。」

若是正統論命，就不會只給個簡短的答案就拉倒，而是詳細分析星曜結構的優劣，提示一些強弱與吉凶的規則。一個人能否創業、何時發財，也許可以從命盤上隱約判讀一二；但是從一宮一星中洩漏天機，無此可能，不應存有這種妄想。

在現實環境中，行業可以選擇，任何人都可以選擇開創，考驗自己經營的能力。梁小姐之所以有些遲疑，顯然對自身的條件不甚滿意；這是一件十分危險的事。在八字的領域中，五行被類化爲各種行業，例如她的八字己亥（年）、壬申（月）、庚辰（日）、丙戌（時），日主當令且正印透干，身旺無疑，當取財滋弱煞爲用，財爲木、煞爲火，因此做木火的行業最吉，當有興發之機。

「此說確否？」

「當然不確。」

那只是生吞了五行的原始概念，沒有認知的意義；須知五行都是抽象概念，不能直接類化爲行業，而要經過轉化的手續，就是生剋制化。當今之世，誰不是如此，大概只

有我在這裏嘮叨叨，拚命對人吐臭。

時間退回前年深秋某日，梁小姐出差台北，幾個大學同學吃過晚飯後，殺到一家茶藝館喝茶，內有高人設硯，因爲是遠來客人，大家慫恿她算個命，瞧瞧何時可以發財，讓她們有借錢的地方。她報上生辰，高人端詳後，鄭重指出：「這是女強人的命，有王者之風，一生沖激大，起落難免，但是能夠成就巨業。」她聽得心花怒放，後來覺得問題好像比想像中複雜，決定還是從現實中加以評估。

同樣的論斷產生同樣的疑惑，她問：「紫微、天相坐命好嗎？」

我想了一下，不知該如何回答，只好敷衍說：「既不好也不壞。」

「好就說好，不好就說不好，犯不著如此模稜兩可。」

她果然不會善罷甘休，我不禁啞然失笑；這種情形好像看到一根樑柱、一個房間，就要求判斷整棟建築的優劣一樣，豈能指望獲得眞知灼見。傳統命理學者多半主觀地論斷一個好壞，強調一宮一星的特殊作用，想不變成一個定命論都不行，蓋一切早定，無力回天也；論命需要結合三方四正的星曜，觀其強弱，然後利用祿忌牽引吉凶。

紫府廉武相莊重肅穆，得以承受重任，故積極進取，可望成爲社會中堅、公司的重要幹部。坐紫會府，輔在命宮、弼在遷移，輔弼齊見，格成「君臣慶會」，這種人組織能力強，處事圓融，你辦事我放心，努力加上機緣，進入權力的核心並不意外。

不過也非全無缺點，命局不逢一煞，吉卻遇其三，命局清純，穩定性強，古人盛讚的貴格。無煞則無慾，缺乏名利雄心，只能耽於安逸，所以成就不會太高；諸煞進入六親宮，干擾了親情的表達，緣分不厚，無力改善。

■

梁小姐問：「所有的人都鼓勵我跳出來，難道他們說著玩的？」

我答：「有此可能；這種事最後仍要自己判斷，別人的話只做參考。」

有些問題雖然引人遐思，卻無多大的價值。我們觀察人生，確定每一件成敗的背後都隱藏了一些條件，找尋出來，判別其間的關連性；無論如何，不能一廂情願地以爲那就是命理，不然就會弄不清楚狀況。

無論創業或者換業，都是運程中的偶遇，需要考量行運的興衰而不能光在先天結構中探索。大限到丑，內無主星，無星則弱，內心空曠，既無力感受，也就會拒絕承擔；她將普受外境的左右，隨波逐流甚至同流合污。這種運程唯外境的變化馬首是瞻，追求時髦、選擇熱門行業，當然也無法避免被環境牽著鼻子走。

機月同梁柔和，適於安步當車，準備長期抗戰，開店做門市，利用口碑吸引顧客，逐步擴充，想要一飛沖天，顯有困難。梁小姐樂觀中帶點遲疑：「這段期間還接了一個法國化粧品的傳銷業務，我一直缺乏信心，不知該怎麼辦才好。」我問：「有業積壓力嗎？」她答：「有一點，不過很容易紓解。」那麼就會出現一些阻力。

有個朋友說：「財宮遇劫，損及財物，但它能化解災厄，作用力吉凶參半。」他們之所以有此一說，顯然深受古典命理先入爲主的觀念所惑；空劫仍只蘊藏了某些性質，該性質都是中性的，不帶任何的吉凶成分。

那麼「吉凶來自何處？」當然就是觀察祿忌的落宮。

化忌指出障礙的所在，巨門化忌於酉，財宮也，這種運程對財物支配極端不利，堪稱動輒得咎——一旦涉及金錢交易，化忌立即發出如排山倒海般的破壞力；此外財物的穩定性遭破，得失成敗難以掌握，無法預先評估。二十年內的化忌分別侵入財宮，這種苦楚頗爲難受，對商人而言，他必須負責經營的成敗，但是環境呈現負面效應，碰來碰去都是牆壁，只好隆重發出哀鳴。

一般而言，化忌入命而化祿在別處，自己創業有難，幫人發財則是吉祥如意，非常奇怪。「此時該如何抉擇？」當然是順其自然，他們吃肉我喝湯也。梁小姐覺得她未來也許還會改變，接觸一些新的行業，蓋人在江湖，身不由己，除非眞的想做個少奶奶。她說：「我這個命改做推銷、傳銷，行嗎？」這個世界頗爲複雜，行業的類型也多，其中不乏適性的事項，挑選一個做做看，說不定可以締創佳績。

命理在傳承中被人故意渲染，當做一個萬靈寶物，諸事可推，沒有極限，推不準或不知如何推，那是個人的功力差，不能怨天尤人。術士說過：「命運是不可抗拒的，從命中發現的事都是上天註定，照辦就對了，人畢竟只能臣服於命運。」

我大笑不止，聲明那是聽過最好笑的笑話。

她有點靦腆，不過很快就恢復鎮定的神色，然後辯說：「那種斷語也有幾分道理，我一些朋友就因爲鐵齒，結果丈夫外遇，儲蓄被人倒掉，目前生活陷入困境……。」

退一萬步說，就算眞實，也沒有特殊的功用，蓋誤解了命理的功能，也曲解了命運的本質——顯示的只是生存的狀態，也是一種性格的自我表現，命理稍微反映一些命運的內涵，知命理者解讀出來，然後說給當事人聽，做爲處事待人的參考。

八大行業

殺破狼的星群衝擊力大，積極進取，企圖心強，多半會選擇波動的行業，並向具有高難度的困境挑戰，全力以赴，不達目的誓不罷休。四組星群中就以此最為強勢，故多被寄予厚望，期待他們突破困境，在逆境中建立社會地位，獲得個人聲譽。

學者指出，現代社會雖然弱肉強食，仍然需要遵守「物競天擇，優勝劣敗」的自然法則，缺乏一個強勢的命局，很難成就，這跟帝制時代恰恰相反。當年八股取士，需要的是一個平和的命格，以便平心靜氣讀書考試，弱者反而能夠生存，這是一種反常，有其時代的背景因素在焉；現代社會不再有任何的限制，人性的優點得以充分發揮，所以論起命來，比古代更能充分詮釋。

陳君在一家大型遊樂中心擔任管理員，朝九晚五，忙完一天的工作後，換上便服，開車回家，洗過澡、吃過晚餐並略作休息後，九點多鐘才又離家前往市區看他的一家店

天鉞 丁巳	天機 文昌 戊午	紫微 破軍（祿） 地空 命宮 己未	文曲 庚申
太陽 丙辰	男命	癸卯年十月×日辰時	天府 辛酉
武曲 七殺 地劫 天魁 財宮 乙卯	火六局		太陰 壬戌
天同 天梁 鈴星 甲寅	天相 擎羊 火星 左輔 右弼 遷移宮 乙丑	巨門 甲子	廉貞 貪狼（忌） 陀羅 事業宮 癸亥

面。個性有點急躁，工作態度倒是認眞，絕少耽誤正事，若說有什麼缺點，大約就是喜歡管閒事，所以不甚得人緣，他在工餘絕少與同事社交活動，特立獨行於天地之間。戊寅年在朋友的慫恿下，投資了一家**pub**，出錢而不管事，生意全部交給朋友處理，他偶爾才去關照一下。

「我投資這種店適合嗎？賠錢的機率高嗎？從命盤上看得出流程高低嗎？」我們坐下來，還來不及喝口茶，他劈哩啪啦地問：「……根據命盤的顯示，我會做這類投資，有人是命中註定好的，你認為呢？」

我有點暈頭轉向，只好供認：「可能沒有。」

「眞的沒有？還是假的沒有？」他於是透露道：「上周店裏來個客人懂斗數，他斷我去年（戊寅）貪狼化祿入事業宮，就會投資別的行業，但是五年之內可能拆夥。」

「那種人也許是個地上神仙，我不如他。」我說：「去年做了一件事，何其微小，如果連這種瑣事都要寫在命盤上，那麼命盤的負載量就嚇死人了。」

pub是一種特殊行業，被政府列為八大行業，蓋社會形象不高也；客人難免龍蛇雜處，經常有人藉酒鬧事，有人打一一〇報警，十分鐘後警鈴大鳴，跑來十幾名荷槍實彈的警察，顧客遭到調查，店員被找去問案，從此門可羅雀。他無奈地說：「年冬不好，什麼事都不能做，只好勉為其難，度小月也。」

人通常會為自己的行為辯解，雖然說詞多半荒誕不經。「算命先生說我這個人雖能創業做老闆，卻很難致富，頂多致小康而已；好像眞實，不過又覺得有點虛幻。」

「算命先生說而非你自己說，為什麼？」

「我也覺得如此這般，好像有點樂觀過度。」他對一事充滿疑惑：「不過財宮照見空劫，財物被劫奪殆盡，自然而然發生匱乏，這是劫數難逃。」

事實上命理對一個人會做哪種選擇，始終不置一喙，永遠都是樂觀其成。許多人不知命運結構的優劣，橫衝直撞，結果撞得鼻青臉腫，簡直是自討苦吃；若能了解自己是哪塊料，即可避免肇致錯誤。現世行業種類繁多，當然不能一個一個去猜，大概只有定命論者堅持閣下無論做什麼，命盤上寫得一清二楚，誕生之刻，就已註定完畢。

「空劫來照，破財難免，我這輩子註定貧困嗎？」

「沒有那回事。」

殺破狼與紫府廉武相重疊，通常形成兩種人格特質，造就兩種不同的人生。斗數的經驗指出，這種現象宜分何爲主、何爲賓，當賓主的關係確立了，往哪個方向發展清晰無惑，從此不再暗中摸索。因此殺破狼宜見一二煞星，殺破狼加煞才是名副其實的殺破狼，這些煞星最好包括火鈴；而紫府廉武相需要諸吉拱襯，尤其輔弼的照耀。從結構觀之，輔弼與火星均在遷移，故前者形成「火貪」武格，後者形成「君臣慶會」文格，兩者皆爲主導，不分彼此。我們常說，這種人允文允武，文武兼備，擁有許多發達的條件，誠然一個天之驕子。

「據以成格的火星、輔弼都在遷移宮，表示出外才能成就嗎？」

「確實有此一說。」三方都是涉外之宮，我說：「你老兄當然可以繼續留在故鄉，但是外出磨礪，開發潛能，成就才高。」

此外三方羊陀加火星，形成「火羊」、「火陀」兩個異格，槓上開花，這是多出來的格局；異格象徵異路功名，從非正統的方向發展，反而是條終南捷徑。一個人擁有一種格局，等於命中蘊藏一種潛能，開發出來，就能締創佳績；經驗指出，擁有三種格局等於具備三種利器，那麼勢必所向披靡，如入無人之境。

過猶不及，跟傳統命理主張的中庸之道大相逕庭，這樣的人生必有一些偏執，難以事事圓滿。那麼它們可能相互沖銷？當然不會沖銷，否則就不符推論的原則。有個朋友指出：「這種人組織力強，擁有領導統御的本能，照理要在正統行業中發展，但因夾雜了異格，表明可以異軍突起，其間是否衝突？」

「文格主文，武格主武，堪稱文武雙全，文武之外尚見異格，這就糾纏不清了；異格純由煞星烘托而成，性格激進，富於衝力，往往凌駕文格之上。無論如何，諸格共濟一堂，功力和手段大躍進，充分發揮，成就必然卓越。」

「何者為優先、何者為次？」

「沒有那種規定；命局強勢，主觀意識強烈，喜歡支配環境而厭惡被環境支配，所以調適困難。」我的看法很清楚：「閣下既然一意孤行，誰也拿你沒辦法。」

■

除推算先天外，還應兼及後天也就是行運的消長；始終在先天結構中盤桓，等於想在地球儀中發現新大陸。老陳知道這個道理，他問那個術士：「出道迄今，日子不算短了，一直忙忙碌碌，似乎一事無成，這又為什麼？」術士思索一會兒，斷然答曰：「那是你入錯了行。」其實沒有人告訴他該入哪行，十幾年來都是暗中摸索，自我修正，在嚐試中改正錯誤。術士於是指示了一條明路：「這種命格可以做老闆，在營造、建設或土地開發中發揮專長，假以時日，可望擁資數十億。」「憑什麼如此論斷？」「紫微屬

土、破軍屬水，水土相加，不就是建築業的內涵嗎？此外從事養殖、蔬果種植，也能發財。」如此這般，老陳搞不清楚怎麼一回事，其實連我也很迷惑。

此命逆行，三十六歲起的丙辰大限結構柔和，不再像過去那樣劍拔弩張，精神緊繃；太陽坐命會照巨門，巨日的星群熱情洋溢，但仍呈階梯式發展，柔和細致，尤其不逢一顆煞星，缺乏激力，難以振奮；這種運勢有好有壞，好是安於現狀，不圖非分之想，壞是一旦涉及強力競爭，就會覺得心餘力絀。

很多人都說，「柔運利於守成，大概不會橫衝直撞，因此算是一步好運。」柔指的是內心柔，而非外境柔，這種關係必須弄清。星曜本身不具備好壞與吉凶，這個部分要觀察祿忌的落宮，唯祿與忌才能顯示吉凶的位置。

天同化祿於夫妻宮，重心在於婚姻（家庭），選擇一個良偶，籌組一個美滿幸福的婚姻將是此去最大的心願——未婚者希望締創一樁良緣，已婚者也會蠢蠢欲動。他嘆了一口氣：「我未婚，不但未婚，連女友都未曾交過一個；這種事難道看不出來？」要是看得出來，我豈非名列仙班，足以跟太上老君平起平坐了。婚姻可以選擇，結不結婚以及想哪個階段結婚，都是個人的自由；性喜預言的人才覺得猜錯了，面子掃地。我們只做分析，沒有斷對或斷錯的顧慮。

「我迄今未婚，理由何在？」

「結婚本身就是一種選擇——選擇對象、何時成親以及採用哪種儀式；凡是可以選擇的事命理不會故意去規定，也就不慮變成一個定命論。」我提醒他注意一事：「動輒質問『你看我結了婚沒有？』那是沒有營養的問題。」

「跟夫妻宮無主星有關嗎？」

「毫無瓜葛。」

結婚需要一些條件配合，內外都有；就算條件俱足，若無姻緣，也要歲月蹉跎。姻緣的本質十分複雜，屬於非命理現象，從命理的層次探討，一輩子找不到答案；既然如此，乾脆置之不論，免得節外生枝。一個人願意何時成家是可以充分選擇的，那麼你可以娶，也可不娶，無論娶或不娶，都不關我們的事。

「不錯，這是很好的解釋。」他說：「那麼婚姻能談什麼？又如何談？」

仍然只能討論選擇，從適性與否的方向著手。

因爲命理不想涉入別人的家務事。如果婚姻確實幸福美滿，那麼這個祿將照入事業宮，庇蔭他的事業，兩者互動關係良好，大概就是俗稱的「太太有幫夫運」，古代社會如此，現在何嘗不是；相對而言，婚姻結構亂七八糟，那麼該祿就嘎然而止，不再發生移情的作用。

「對已婚者而言，祿入夫妻宮，算是一種桃花嗎？」

台灣斗數界都當它做桃花，由此推斷必有桃花事件降臨，外遇不斷，難分難解；不過那些斷驗必然經不起檢證，因爲不是偶合就是臆測，把偶然斷準膨脹爲一個定則，一旦被識者質疑，恐怕很難自圓其說。

「化祿牽引了妻宮，難免在感情上動念，一定招惹感情糾紛。」術士多半據此預斷一個感情事件，這種運勢已婚者問題較大；不過命理只能觀測內在世界的動念，他究竟如何處理，別人無從猜測。

「這究竟我去惹人，還是人來惹我？」

「命盤是你的，當然是你去惹別人。」

■

現代社會活動的腳步迅速，瞬息萬變，起落頻仍，逼得人人要在細節上計較，久而久之，難免變成有點短視，強調十年大限，似有緩不濟急之情，所以多數人算命就是想要了解目前的狀況，欠缺一種前瞻性。不過在設計上，八字或斗數都只能談到大運，根本接觸不到流年甚至流月，所以從古籍找不到任何推論的記載。

往後幾個大限有強有弱、有吉有凶，仍要仔細觀測，判別成敗。斗數的運程無論順行或者逆轉，十年一換，新的運程顯示新的心理狀態，其間必然有些差異呈現出來。

我們仔細考察運程的關係，乙卯之後三運的得失分析如下：

㈠乙卯大限祿忌均不入命，既無吉也無凶，俗稱的靜運，維持一個普通的局面，步步為營，可望安度；若想一飛沖天，當有困難。

㈡甲寅大限祿入子女宮，增強親子關係；太陽化忌於福德宮，這是間接感應，顯示財源開拓頻出狀況，資金套牢，血本無歸。

㈢乙丑情況跟乙卯略似，缺乏吉凶的刺激，靜運一步，只宜按部就班而無法躐等。兩步乙運的祿忌都不照命，吉凶概與我無關，俗稱靜運，蓋缺乏一種激力，難以振作，需要別人推他一把，譬如邀他合夥，一群人共襄盛舉，才能成就。但是有一點可以確定，似乎沒有太大的吉凶臨身，凡事只能按部就班而無法躐等。

兩步甲運就不同了，三方只見忌而完全不逢祿，極凶之運也，投資理財、創業換業，恐怕凶多吉少。好運不來，靠運沖發的行業就無法獲致成就，徒呼負負；不過此時在舊業上繼續打拚，就不虞遭挫了；新創受忌衝擊，需要慘澹經營，防震耐磨，才能無咎。有其命而無其運，讓人大失所望，許多人覺得懷才不遇，從此鬱鬱不得志，每天喝酒、跳舞、打麻將，如此頹廢下去，果然一事無成。

「行運欠佳，得不償失，就算積極進取，多半徒勞無功，靜運或凶運讓人感覺意興闌珊，若能趁此韜光養晦，以待否極泰來，仍不失爲一種積極的行爲。」一般的看法好像也只能如此，但做不做得到，就有些差別了。

「命理若是那麼死板，早就被人唾棄了，還要研究它幹嘛！」依我觀察世事的經驗：「名利是否到手，有賴外境條件的配合，完全歸咎於命理，認為命運超乎一切，那是自我意識的膨脹。」

問題發生了，當然需要盡速解決，方法很多，之一就是自我調適，除了繼續做個上班外，就是從事不必靠運助就能成就的行業，譬如門市、零售，靠口碑和服務品質吸引顧客，而技術服務業以技術本位取勝；果能如此，就能穩坐釣魚台，完全不理會經景氣的升降和走不走運了。

英雄淚

既然生而爲人，就會有活下去的本事，努力工作，獲得生活之資，買米買菜，塡飽肚子，延續性命。宗教指此爲上帝的恩典，由造物者賜予；佛教認爲那是做人的福報，不假他人；不同的宗教有不同的詮釋，孰對孰錯，那就要閣下自己去判斷了。

溫飽之餘，想要累積一點財富，就不再輕鬆愉快了，蓋此事既牽涉財物的分配，又牽涉個己的能力，我們不會主張先天具備了，後天就有。原則上說，能力強、智慧高者才能擁有財富和權勢，支配多數的社會資源；智商中等、能力有限者被人支配，只能看別人吃香喝辣，最多弄點殘羹喝喝而已。

一個朋友的想法就比較天眞，不知從哪裏獲得的經驗，他說：「高度的智慧必然創造龐大的事業，帶來豐盛的財富，古今中外，並無例外。」

「好像沒有那麼輕鬆愉快。」

「在這件事上，命理有何獨到的見解？」

「當所有人都做同樣的事情時，就會出現幸與不幸的結局，例如大學聯考，結果一定有人上榜有人落榜，例如追逐名利，結果有人發達，有人落魄。準此而言，致富只有少數人得逞。」那是什麼因素造成的？顯然是個外境。我說：「假設概由命理促成，則同命者必然同樣富庶或同樣貧困，很難自圓其說。依我觀察，那是一個福報，前世布施財物或其他非物質所致，所以並非一個命理因素，不能完全交給命盤。」

福報只是一個通稱，總括了一生福澤的厚薄和富貴的深淺，可以細分爲名利、親緣、榮譽、享樂等等，大概所有的名聞利養、吉祥如意的事都可以列入，其中有厚有薄、有長久有短暫，而非一成不變。其厚與薄概由布施的程度而定，這是自己的行爲力，而非別人（神佛）的恩賜。

「有些朋友出身寒微，早年生活困頓，失學失恃，長大後自我奮鬥，居然創立了龐大的事業，他們的努力似乎超越了原始的命運架構，逸出應有的成就範圍，這種結果顯非祿命程式偵測得出。」一個朋友問道：「那是如何形成的？跟他們走了好運嗎？」

這個問題很複雜，三言兩語述說不盡。

命理對許多事情無法充分描述，蓋所能掌握的範圍極其有限，而以簡單的文字去描述複雜的生命型態，也有心餘力絀之感；或說人的生命歷程極為複雜，命盤結構則簡陋無比，當然無力加以掌握。我們只能勉強描述，使用了一些抽象極高的語言，這是不得已的事。許多大師指出，目前正處巔峰狀態、擁有巨資的人必然正在走好運，蓋運勢頗強，自然能夠呼風喚雨；其實不見得就是如此。

■

沈君就是這個丙申年命，他畢業於某中醫學院，並未懸壺濟世，而是改行經營超級市場。我問他「何以如此熱衷於學非所用？」他居然笑得非常開心：「你認為事業好做嗎？現在到處都是醫院診所，一條五百公尺不到的街道，居然開了三家西醫診所、兩家中醫診所兼四家西藥房，我幹嘛還要摻一腳！」時機不好，什麼行業都拚得要死，頗讓初出茅廬的人怯步。

古籍指武曲坐命者富庶，即使不經商也會財源滾滾，因為他們在無形中就會聚集龐

太陽 火星 右弼 癸巳	破軍 擎羊 甲午	天機 文昌 文曲 乙未	紫微 天府 地空 丙申 事業宮
武曲 陀羅 壬辰 命宮	男命 丙申年六月×日卯時	水二局	太陰 左輔 天鉞 丁酉
天同 祿 辛卯			貪狼 戊戌 遷移宮
七殺 地劫 庚寅	天梁 鈴星 辛丑	廉貞 忌 天相 庚子 財宮	巨門 天魁 己亥

大資產，享用不盡；這種觀念顯然是宿命的，難獲現代人苟同。斗數星空中沒有一星叫做財星，正如沒有一星叫做事業星、子女星或夫妻星一樣；進入財宮的星辰一律稱爲財星，無論巨門、武曲、紫微或者羊陀、火鈴、魁鉞都算，毫無例外。

一個朋友研究斗數經年，讀破幾本古籍，對於古賦別有心得，他獲知我的主張後十分不以爲然，於是專程前來興師問罪。「爲什麼不能盡信？」我反問他盡信的理由何在，他居然答說：「古賦經歷了千百年，接受各種

考驗才延續下來，堪稱千錘百鍊。」古人的經驗究竟可不可信，仍要重新檢證，取來就用，沒有道理，現代人研究學問不可能那麼胡塗。

我問：「這個人的命運得失如何？」

他瞧了一眼，答說：「武曲坐命，財大氣粗，重視享受，對錢財的概念很強。」

「對嗎？」

「強勢者物慾也高是對的，其他則是錯的；如此這般，也算一個命理分析嗎？」

他不過是在說命，把他想像中的命理經驗搬出來——斗數論命需要討論許多要件，有內有外，有現實有非現實，臚列出來，逐一探測。此命符合「武貪不發少年人」的古說，三十幾以後才逐漸嶄露頭角，然後平步青雲；依我們看，只說對一半。煞星多照的人需要歷練，多有晚發的傾向；但是否晚發，仍要從星群結構甚至行運的消長中觀測，而不能只據一二主星就予以論斷，否則也是偏頗。

紫府廉武相性格穩定，有一定程度的成就，若要締創彪炳業動，則要加倍的努力和特殊的機緣。南北雙帝從事業宮照耀，又稱紫府朝垣，尤要輔弼的輔佐；六月生人輔弼

不入申子辰宮，因此這是一個孤君，性格孤獨，遇到的人缺乏親和力，不善與人交往，而性喜獨來獨往，自肯自得。由此申論，請他們提拔、助我一臂之力，絕非一件易事。古人認爲孤與剋相近，難免損及福澤，倒是有一點可信度；至少在生命歷程中，每事躬親，勞心勞力，縱有所得，仍然逃不出諸葛亮說的「鞠躬盡瘁，死而後已」。

「如果我甘心單打獨鬥，吃苦當做吃補，那就不能算是一件壞事了。」

「確實如此。」

■

科技發達的時代，每個人都要學一兩套專業技術，藉以安身立命，這個部分因爲具有個別差異性（努力程度不同），成就有差，故無法一概而論；但老前輩教訓說，連狡兔都有三窟，人豈能不如兔子，那些一被解職就失業的人，受到苛責，竟無法辯解。

熱衷名利者總是覺得命運是個奇特的東西，無從捉摸，難以想像，即使每天汲汲營營，有意栽花尚且不見得開花，無心插柳者卻意外柳樹成蔭，簡直不知如何是好。當今之世就有許多人堅認「一切成敗，操之在我」，站在警世和激勵的立場，無可厚非；但證之實情，恐怕就不是那麼一回事了。多數人半生辛勞，夙夜匪懈，艱苦卓絕，十年下來，發現雖含淚播種卻未歡笑收割，這種結局確實「常使英雄淚滿襟」。

沈君問：「屢戰屢敗，信心盡失，該如何自處？」

調適的良方當然是有的，其一是從事與景氣無關的行業，也就是不理會景氣、環境的作用；其二是自我潛能開發，無視於外境的強弱與助阻。不過我通常會殷切指出：「藥方雖佳，卻非人人可用，仍要觀察先天體質；就算人人可用，也不見得都能藥到病除。」一般人似乎看到名利當頭，立刻衝鋒陷陣，冒著擠破頭的危險也要試試看，而從未評估自己有無那種能耐，當挫折乍現時，倉皇撤退，可能丟盔曳甲。

評斷後天行運的消長仍須一運接著一運，觀察星曜的旺弱和祿忌的落宮，這是固定的模式，除非另創一法。沈君曾經有過一次奇遇，他說：「一個大師瞧命盤一眼，就判出何時走強運、何時走弱運，娓娓道來，宛若眞實。」其實判別運程的消長並不困難；但要使用合理的方法推論，並且得受公評，臻此境界，才叫客觀。

往後還有四個運程，它們的祿忌分布狀況約略分析如下：

(一)乙未大限天機化祿於未，命宮也。

(二)丙申大限天同化祿於卯，疾厄宮也。

(三)丁酉大限太陰化祿於酉，命宮也。

(四)戊戌大限貪狼化祿於戌，命宮也。

斗數在判別某個運程的吉凶上顯然異於其他的術數，它明確指出吉凶的所在，而不必去瞎猜。我們暫不考慮星曜結構的強弱，三運的化祿全在命宮，當然是件好事。「有什麼特殊的意義嗎？」化祿具有自信、安定與享受等正面功用，在三十年的光陰中，他老兄多半想在穩定、自足與恬淡的日子中安度，能坐著絕不站著，能躺著絕不坐著。

一生中發生的事情當然十分龐雜，有吉有凶、有不吉不凶或吉凶參半，有些朋友天賦異稟，光是一年就抵得上別人半輩子，若把事件的始末記錄下來，足足可以載滿一本書。斗數對雞毛蒜皮的瑣事興趣缺缺，它只是注意兩件大事，一是最壞的，用化忌指示出來，一是最好的，用化祿指示出來，讓人知道功過罪福究竟在哪。

「那些次好跟次壞，又擺在哪裏？」

「次好與次壞自己決定就行啦；事事依賴命理，人活得沒有尊嚴。」我依舊堅持人可以獨立自主：「若把所有的事情都予以規範，就算制定一百個宮位、兩百顆主輔諸星以及十八種化星，仍然不夠使用。」

「好像有點道理。」不過沈君又問：「祿有穩定的作用，進入命宮，做什麼事都覺得篤定，對外境的看法也較樂觀，這對求財也有正面的意義嗎？」

「不錯。」

不過尚未提及化忌的相關位置，那是障礙的所在，不宜視若未睹；其中乙未、丁酉化忌（太陰、巨門）分別侵入福德宮——乙未大限太陰忌在酉、丁酉大限巨門忌在亥，忌有破壞與干擾的負面作用，忌入福德，對投資理財、開闢財路有礙，如果不信邪硬要縱身而入，屆時可能破得唏哩嘩啦。

「丙申大限呢？」

此限廉貞化忌於事業宮，破壞的是事業的經營的慣性，動盪難安，無法有效掌握。

由此觀之，乙未大限以後已無好運可走了，在這上面用心，多半只能感受惡劣環境的摧殘；不過天無絕無之路，如果延續舊業，以不變應萬變，也許還能立於不敗之地；更新行業的型態或另創新業，缺點暴露，豈能無咎。有些人名利心很強，此時仍然執意與人拚鬥，因爲欠缺運勢的推波助瀾，屢戰屢敗，只好喟嘆「時不我予」。

當今之世，這種人還眞不少。

財神駕到

任何人缺乏好運的烘托，內無振奮的心情，外缺烘托的環境，成就事業將難如登天，這是傳統命理一貫的主張，已經延續了好幾百年。有人問道：「那些富豪日進斗金，迅速累積財富，難道都走了財運？」應該是的；不過這個問題相當弔詭，不走財運無法致富，但走了好運不見得就能驟發，因爲一個富豪驟發還要其他的條件促成。

「我既不走事業運又不走財運，可能發財嗎？」

「理論上不會。」

發財的條件付之闕如，又欠缺激力，便無致富的可能。命理不過是顯示一些變化的軌跡，而非一切——定命論者才會認爲那是一切，內外環境，一概洩盡；命理只能觀測一部分的命運得失，成就與否通常涉及其他，這些因素多半強過命理因素。

命理敘述的都是內心世界的變化，一些情緒的起伏或漲跌，也許振奮，也許沮喪，

武曲 破軍 文昌 命宮 辛巳	太陽（祿） 火星 地空 壬午	天府 陀羅 天鉞 癸未	天機 太陰 鈴星 甲申
天同（忌） 地劫 庚辰	男命 庚戌年九月×日巳時 金四局		紫微 貪狼 擎羊 文曲 事業宮 乙酉
己卯			巨門 丙戌
右弼 戊寅	廉貞 七殺 天魁 財宮 己丑	天梁 左輔 戊子	天相 遷移宮 丁亥

而非真實存在的環境，例如走了旺財運，自有運財童子駕臨尊府，送上一千噸黃金。大限仍然顯示某個階段內心起伏的軌跡，走弱了或走背了，心性沮喪，經商做生意不是坐失良機，就是判斷錯誤，屢遭險阻，難免形成幾度的仆倒。

結構強者甘心接受環境的考驗，勇於面對，絕不臨陣脫逃；即使屢遇困境，也是百折不撓，「打落門牙和血吞」，對於名利更是表現一副鍥而不捨的勇猛精神，成功率高，不言可喻。相對而言，結構弱者只能耽於安逸，在安定中求進步，想要締創彪炳業勳，顯然困難重重。

主星結構儘管強勢，若不照煞或只見一兩點煞，氣勢仍嫌柔弱，想要成就，需靠福報，蓋缺乏沖激，無法積極進取，仍然只能安於現狀。古今中外，沒有天生的企業家，也沒有天生的大學者，他們無一不是環境的產物，除了具備一個稍強的命局外，眼光獨到、判斷敏銳和打死不退的精神一個都不能少；在現代社會裏，尤其還要堅持某些理念，譬如有人開工廠生產鎖（當然包括鑰匙），這是多麼微不足道的行業，但是二十年的心力投注於茲，貨品行銷全球五大洲，世界市場的佔有率高達七成，眞會讓那些財經蛋頭跌碎眼鏡。

「殺破狼比機月同梁更具衝勁，成就當然也高，這是結構上的差異，我們必須承認這個事實。」朋友李君說：「有些人忽視這種差異的存在，也就是視星曜結構如無物，那麼何必細分四組？一組已足。」

衝力大是一定的，但衝力大不代表成功，否則殺破狼加煞將締創龐大的企業王國，而命理堆論也會變成一個定命思想。星群顯示的只是生長曲線的起伏狀況，不再涉及其他；但是影響成就、功過的條件很多，內外均有，不全是星群結構的問題。

機月同梁的人思考細膩，喜歡思索問題，揭開宇宙人生的奧祕，所以投入積極學術研究，數十年如一日，成就卓越，不在話下。民主國家標榜文人政府，總統、閣揆由巨日或機月同梁擔任，那是民眾的福氣。我們統計了一些大成就者的命例，發現不少人屬於這類星群，而非想像中的殺破狼，最初覺得不可思議，了解命運的眞諦後，覺得那才是理所當然。

李君命宮在巳，武曲、破軍坐守，雙星並立，殺破狼兼紫府廉武相重疊，根據經驗，他將擁有兩種生長曲線、兩種不同的人格特質，一明一暗或兩皆明暗，顯示於生命歷程中。「我從小就是雄心萬丈，立過許多志向，包括思想家、警察、飛行員和像愛因斯坦一樣的科學家；像我這麼積極的人一旦不發，那就沒有天理了。」結構壯闊，追逐名利，劍及履及，大概沒有做不到的事；不過想像是一回事，能否如願又是一回事，兩者並不等同，否則就會岔到阿里山上去。

這種命局若說有什麼缺點，當在煞星的缺乏上，全局不著一煞，缺乏沖激，結構趨於柔和，只能安住而無力突破現狀；一遇挫折，就會迅速折返，再也沒有勇氣接受挑戰了。故理論上說，殺破狼最好附帶幾顆煞星，以便激勵鬥志，積極追逐名利。

■

殺破狼的振幅大、軌跡明朗，起落有致，煞星照入，性格於是激進，鬥志於是旺盛，攻擊火力更強，獲得成就，易如反掌。有人還是質疑道：「殺破狼加吉選擇吃頭路而不得開創，根據什麼？」從來沒有人規定加吉只能上班，而加煞就要自我開創；命理對任何人的選擇向來都是樂觀其成，只是評估那種選擇是否適性而已。

「那我幹嘛算命？」李君聽後大笑：「難道吃飽飯撐著。」

這種問題照樣很弔詭，讓研究者迷惑。一個人只要能夠了解自性，不爲外境所惑，做事篤定，那麼就不必找企業大師、理財專家懇談，更不必拜神求佛、算命看風水了。有些事情不是想做就能做，也非做了一定順利，否則這個世界就沒有落魄的人了；成與敗的研判相當困難，蓋牽涉了諸多的外境因素，命理掌控得到的實在微乎其微。

庚的化祿太陽和化忌天同均不入命宮，沒什麼重大的事故臨身；如果詳細說明吉凶

的關係，那麼祿在父母宮，孝思不匱，忌入兄弟宮，同胞常生齟齬。親情緣分因為具有個別差異性，非共盤所能掌握，所以看不出什麼其間的輕重。

李君遲疑一下，隨即露出堅定的神色問道：「如果我抗命，結果又怎樣？」我說：「並不怎樣，因為那是一個想像。」事實上沒有所謂抗不抗命這回事——如果連命的內涵都弄不清楚，談什麼抗不抗，對不對？

「所有的算命先生都警告我別逆命，而要順著命運規劃的路徑走，保證吃喝玩樂，樣樣不缺。」不過他隨即發現那種說法太荒謬了：「命運之神主宰一切，他叫我往東我就往東，叫我往西我就往西，然後就能不虞匱乏。如此一來，豈非太宿命了。」

「若有這等好事，別忘了通知我一下。」

命運為一生窮通禍福的總括，內容十分龐雜，命理做為檢測的工具，只能隱約詮釋一些命運的發展的軌跡，描繪出來的無非是一種自然法則，順著該法則走，等於適性發展，發揮了命運中的優勢，成就較高也較篤定，如此而已。

■

我們提出的觀念異於傳統命理，也異於一般人的思考模式，難免受到質疑，例如李君乍聽之下就覺得疑竇叢生，他說人生不該如此被動，事實上也沒有人會那麼聽話。「順著命運之勢走，當然就會依賴，一切交給命運，豈是健康的人生觀？」

依我們看，那是不了解命運爲何物的錯誤。「命運其實就是一種自然，順其自然，借力使力，收穫必然可觀；不做無謂的掙扎，表面上好像是消極的，其實不虛擲時間和精力，才是很健康的。」黃俊雄布袋戲裏有個狠角色叫藏鏡人，順命並非像他的威脅語「順我者昌，逆我者亡」那麼霸道。

甲申大限爲機月同梁的星群，行運至此，運勢趨於緩和，宛如激流進入平陽，不再激起曼妙的浪花了。廉貞化祿於丑，這個丑正是先天財宮，李君問道：「這表示我有財利，還是我會去開闢財路？」以上皆非；廉貞祿的所在雖是先天財位，但是進入大限後已被棄置。大限的消長要在大限三方四正內運作，那才得用，如果先天財宮變成現在的事業宮，那就有點作用了。

這類星群因爲結構柔和，往後若是按部就班，安步當車，保證無咎；不過在台灣好像沒有人管你是什麼星群，怎麼發展，一些大師甚至捨此就彼，指出那是一個「十惡不赦」的惡格，「何謂十惡？那是蝦米碗糕？」古籍記載，太陰逢火或鈴，就會犯下古代律法規定的十種罪刑。「將肇致什麼後果？」書中未記，不得而知，大概是天災地變，死無葬身之地吧。有些人得以避開那些災變，深覺那是上帝的恩典；至於發不發財，似乎就不再重要了。

星群結構跟先天相似，而與前限有一百八十度的轉變，此運細緻柔和，運程呈階梯式發展，適在安定中求進步，想要躐等，當有困難。但是煞星遍照，慾望增強，經常起心動念，想這要那，生活忙亂，連喘一口氣的時間都沒有。

「羊陀夾大限命宮，自身已經難保，豈能奢談富貴；而遷移宮無主星，往外發展，到處充滿荊棘，恐怕也是死路一條。」

「其實不必那麼悲觀，只要肯用心，沒有衝不破的困境。」

此限的廉貞化祿和太陽化忌仍然不直接入命，沒什麼大事讓他牽腸掛肚，一步靜運也，凡事只能緩慢進行，躁進不得。其中祿入合夥宮，表明圖利合夥人，幫人發財，所以不能太自私自利。忌入妻宮，婚姻關係此去備受考驗，常有煩言，故意挑剔配偶的行爲，弄得風聲鶴唳，草木皆兵。

老李沒有答腔，他把玩著咖啡匙，神情奇特。這家咖啡專門店的器具全部舶來品，老闆親自赴法挑選，頗具風格，跟我去過的那些店大異其趣。他忽然改變話題：「我迄今未娶，跟化忌入妻宮有關嗎？」妻宮空虛，婚姻的積極性和掌控力有限，也就是說，在求偶的過程中，因爲缺乏主動攻擊的能力，經常坐失良機。

許多大師指出，婚姻至此破滅，親絕緣盡，隨時可能離異，從此你過你的陽關道，我走我的獨木橋，然後形同陌路，至死不再往來。「未婚呢？」未婚者什麼事都不感應，平安無事也。不過術士必須能夠斷出這個人結婚與否，功夫才算一流。

「難道有錯？」

「難道沒錯？」

這種事爭辯下去保證沒完沒了；其實婚姻成敗牽涉的層面頗廣，若要討論，最好把相關的外境條件一一提示，包括擇偶、成親以及離異等等，項目很多，每一項都要仔細

比對，發現其中的優劣，尤其務必記住，夫妻宮的功能不在於預測婚姻的成敗，而是作爲合婚（擇偶）的參考，方向弄錯了，沒有意義，吹牛不納稅而已。

在朋友的印象中，李君精明幹練，耐力超強，是個極佳的幕僚人材，爲人作嫁，適材適用；若要獨立創業，憑他的能力當然樂觀其成。但是創業後需要負擔成敗的責任，一旦遭遇橫逆，無法扭轉乾坤，就會大嘆命運弄人。

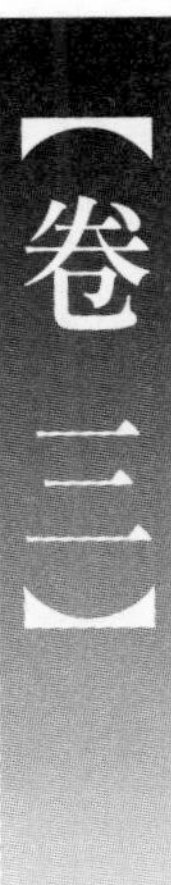
【卷三】

姜太公釣魚

有個人在土地買賣上賺進兩億，在親朋好友之間立刻造成一陣旋風，於是紛紛效法，投入資金，結果有幸有不幸，幸者果然一夜致富，不幸者一夜暴敗。在識者看來，別人能那是別人的本事，與我何干，如果執意與別人比，就會被命運之神愚弄。

民主國家的憲法規定人生而平等，因此保障人民有生存的權利，接受教育，進入社會後謀得一官半職，賺錢養家活口。但是究竟能夠累積多少事功、持有多少資產，憲法就管不到了；同理，命理雖能隱約分析一個命運的得失，卻無法觀測諸多細節譬如何時致富，積財多少，所以不如想像中那麼厲害。

人好像必須臣服於命運之神的足下，接受他的支配，他叫你富你就富、他叫你貴你就貴，而不能自作主張，否則遭到狙殺，死無葬身之地。一些朋友意興風發，在事業和財物上分別展現了力拔山兮氣蓋世的氣勢，動輒發豪語曰：「我這個人天生天地不怕，

天同 文昌 辛巳	武曲 天府 地空 壬午	太陽 太陰 忌 癸未	貪狼 天鉞 甲申 事業宮
破軍 擎羊 地劫 庚辰 命宮	男命	乙未年八月×日巳時	天機 祿 巨門 文曲 乙酉
鈴星 右弼 己卯	金四局		紫微 天相 丙戌 遷移宮
廉貞 陀羅 火星 戊寅	己丑	七殺 天魁 戊子 財宮	天梁 左輔 丁亥

也不信命，就算有個命運之神，叫他來殺我好了。」他們多半是好萊塢動作片看多了，滿腦子的諜報鬥智和黑社會廝殺的鏡頭，突然反射到命理的層次。一般的想法比較單純，也許會說：「我若不從，立刻肝腦塗地嗎？」把煞星當做江湖殺手，顯然是對命運無知的一種臆測。

對研究者而言，上述無疑都是障礙，必須勇於排除，才能無惑。一個朋友殷切指出：「命理雖已延續一千年，但是待解的問題極多，由於沒人願意探討，而只想引用古賦，所以難免胡推瞎論，大打濫仗，命運探索云云，不過是在一座暗屋中捕捉一隻根本不存在的黑貓，枉費心思而已。」他的話相當眞確，值得我們深思。

「哪種人適合求財？」古籍的記載相當清楚，也相當簡單，但是仔細探討後發現，那種歸納頗有問題，不符現實社會的要求，在當年也不見得就能受用。例如〈論富格〉中臚列的那些條件，多半只是主星的排列（主星必入該宮），條件稀鬆，毫無道理。「古代社會也許就是如此。」那就不得而知了；這些現象牽涉社會制度與文化背景的差異，研究起來，三言兩語，述說不盡。

在傳統的觀念中，富由命定，「小富由儉，大富由天」，所以富貴與貧賤都寫在命盤上，知命者瞧一眼，就能洩盡天機。假設一個人命定不富甚至終生貧困，那麼他再怎麼打拚，頂多溫飽，不可能讓他擁資三千萬；而一個人註定富甲天下，股票再怎麼跌，也不致破財跑路，從此餐風宿霧。從命理的角度看，先天具備了富庶的條件，行運見祿催化，又積極求財，就有致富的機會。但依我們看，致富的條件很多，有命理的，也有非命理的，必須釐清，看出其中的虛實，研究命理才能究竟。

「若不可靠，何不刪除？」我們正有此意。

藍兄立命在辰，破軍與擎羊、地刦坐守，許多人乍見羊刦，臉都綠了，一個術士曾經斷他細漢歹腰飼（小時候不好養），非殘即傷，兒時常遭挫傷，長大後血光不斷。我問：「眞的嗎？」他說：「確實如此。」其實地刦更麻煩，刦奪財物，財來財去，一生爲財所困。不過那只是一種錯誤的想像，受到傳統影響太深而不知思辨的結果；煞星的性質是中性的，不會肇致吉凶福禍，這點千萬不能弄錯。

殺破狼本質強勢，生長曲線呈拋物線發展，輪廓明朗，加煞後衝擊力增強了，喜歡冒險犯難，火中取栗，參與投機性強的行業堪稱如魚得水。除命宮兩煞外，三方均不著一煞，平穩安逸，理應無災，若問：「可能顛沛流離嗎？」答案是「不會」；因爲缺乏波折的元素，想要波動也波動不起來。

經驗指出，殺破狼宜見幾顆煞星，藉此增強氣勢、增加慾望，然後積極奮起，追名逐利。一般而言，這股勢力對求財致富有助，但究竟助到什麼程度，就有爭議了；命理迄今仍然無法量化，這是命理不足之處。藍兄最初的理念倒是十分單純：「我只要努力經營，不賭不飲不嫖，還不是要什麼有什麼。」後來發現不可能那麼簡單，否則就不會有人失職、破產甚至被債主追著跑了。

在吉凶的分布上，天機化祿於酉，合夥宮也；太陰化忌於未，田宅宮也。祿忌均未照命，功過既不在事業或財務上，也不在自我心性或人際關係上，因此感受不到特殊的罪福。若說有什麼問題臨身，應該都是別人的牽扯，讓他無法置於度外。

「既然志在圖利他人，我乾脆跳出來競選民意代表，把這種理念推廣到群眾，鋤強扶弱，犧牲奉獻。」他的眼睛突然亮了起來：「如果祖墳眞的冒煙，說不定還會被延攬入閣，從此一二人之下，萬人之上呢。」

「那是一項不錯的選擇。」

■

一九九五年，藍兄跟朋友到印尼開工廠，生產精美傢俱，一部分運回台灣，一部分直接銷往歐美國家。流年乙亥，命宮天梁坐守，三方所見，卻實有點弱勢，難保不受到環境的牽制。他說：「那年發生很多事情，我隱然覺得是個凶年，出師不利，但是支票

開出去了，不能中途抽腿。」

究竟好壞，仍要從歲運的星群結構中加以申論。

大限到丑，內無主星，此去內心空虛，思想游移，欠缺一份對事物執著的心意；主星都在外宮，於是向外奔馳，結合外境來改變內境，故普受外境的左右，經常隨著環境起舞，故難免隨波逐流、同流合污。「內心空虛，缺乏主見，也許是個缺點，但會配合別人，樂與人爲善，不盡然都是壞事。」不錯；此事有利有弊，利是廣泛吸收新知，弊是無法堅持到底，總是半途而廢。不過這仍然只是相對說法，顯然針對先天結構而說，因爲先天強後天弱，就會到處亂竄。一般而言，無論強弱，都要排出命盤，仔細考量結構，得出一個結論，才算有用。

歲運宮位大部分重疊，祿忌一旦牽引，既進流年，又入大限，形成兩皆牽動之勢。傳統命理有個觀念堪稱歷久不衰，命運是註定的、不能改變的，冥冥之中有股神祕的力量在那裏操縱，不是我想做就能做，也非做了就能成功。現代學者懷疑古人的經驗，進行評估，取其合理而去其無理，而非只是生吞那些賦文。唯有此時，方才醒悟人性其實是很脆弱的，偶遇挫折就開始不安、焦慮，然後自我折磨並可能殃及無辜，不如想像中那麼堅毅，人定勝天。

藍兄曾向幾家銀行貸款，目前尚有八百萬元的債務，每月利息負擔相當沉重，他現在關心的是：「未來的運程對求財是否有助？債務何時可以還清？」問題雖然清楚，卻沒有答案，因爲債務屬於一個外境，從命理中得不到答案。

台灣社會充滿不確定性，人心浮動，讓人無法安居樂業。藍先生有個困境：「債務讓我焦頭爛額，曾想偷偷移民阿根廷，一走了之，後來又想，我去那裏做什麼，還不是要從頭做起，但資本呢？」有一天我們在閒聊，他忽然問道：「八百萬算多嗎？」我也露出狐疑之色，不知該如何回答。

這種問題沒有標準答案，端視你問到誰。每個人償債的能力不同，這個數字對王永慶或蔡萬霖這些富豪不過是九牛一毛，戶頭上減少一些零碎而已；要是問到我，當然是一筆鉅款，我一輩子都沒賺那麼多。有些朋友看到別人住一億豪宅、吃五百元便當，當場眼紅，也要如法炮製，其實別人是別人、他是他，別人有的條件他不一定有；當條件相同時，才能相提並論。

■

「一個人被上天賦予使命，譬如先成爲一個千億富翁，然後散盡家財，救苦救難，澤被可憐的眾生。」藍兄問道：「這種軼聞掌故很鮮，在人間遇得到嗎？」

「章回小說寫得活龍活現，現實中很難碰到一件。」

戊子大限七殺坐守，殺破狼承擔力足，可以承受各種悲慘與幸福，重擔加身，應該不會推卸。由於照到三煞，動力很強，又值人生黃金階段，叫他每天無所事事，泡茶聊天，坐以待斃，斷無此可能。

「貪狼坐財宮，據說必須從事與貪狼相關的行業，才有發財的可能。」

這種話經常聽說，我問他：「何謂貪狼的行業？」

「貪狼化氣爲桃花，因此經營酒廊、化粧品、美容美髮以及女性服飾精品生意，保證大賺；此外貪狼五行屬木，開木材行、傢俱店都會大發，金光強強滾。」

「那是道聽塗說，要是相信，頭殼就會壞去。」

貪狼化祿入於財宮，俗稱走財運，此刻精神振奮，將本求利，當有錢財進帳；不過仍要積極向財，若作老僧入定狀，則十年空過，宛如船過水無痕。

星曜結構強勢，力道十足，發起來十分結實，將比巨日或機月同梁壯闊得多；因爲不受忌星的侵擾，諸事平順，宛如康莊大道，相反的化祿牽引，諸事大吉，此生最好之運，當之無愧。他有點洩氣，供認自己福薄，好事看得到卻得不到：「因爲我已經把公司解散了，看別人發財罷了。」言下不勝欷歔之感。

「那麼我何時才能再創一業？」

「不知道。」

「命盤上不是寫得清清楚楚嗎？」

「沒有那回事。」我說：「那是閣下的選擇，我們這些外人怎麼知道。」

姜子牙受文王姬昌知遇前，窮極無聊，每天跑去磻溪垂釣，大概沒錢買餌，他的魚線不但不裝餌，而且離水三寸。人家問：「姜老爹，你吃素嗎？」他笑呵呵答道：「悉達多太子要晚三百年才出世，佛教遠在天邊，吃素的習慣尚未養成。我是願者上鉤，不願者回頭。」釣魚講究的是耐心，準備持久戰，有些人平常衝得太快，在好運到來之前就把所有的餌丟進池塘，結果連一條小魚都沒釣到，等到大魚出來覓食，發現已經無餌可用，只好望斷秋水。

無殼之憂

現代社會男女平等，構築一個溫暖的窩不再是男人的權利或義務，許多女性在婚前都有工作，甚至創業做老闆，照樣擁有大量的不動產。現代女性購屋的理由，一是作爲工作場所，二是居家之用，許多人遲婚或不婚，有了一個殼，不再有後顧之憂，單身貴族做起來就比較篤定。

買賣房子、處理土地都是現實中的問題，遇到困難，只能從環境中找尋答案，偏偏有人認爲那是命理問題，試圖從命盤上發現吉凶的軌跡，結果七拼八湊，弄得渾沌不堪，就算勉強併湊完成，恐怕連自己都不敢置信。命理雖然能夠推論一些現象的吉凶，卻無力觸及買賣的成敗，因爲那是一個外境，變數極大；既然掌握不到，也就無力預測一個結果——忽視這種現象的人才要急於下一個定論。

「既然如此，我幹嘛要研究命理？」

天同 陀羅 大限命宮 己巳	武曲（祿） 天府 火星 庚午	太陽 太陰 擎羊 鈴星 辛未	貪狼 地劫 天鉞 壬申
破軍 戊辰	女命　己巳大限的得失 己亥年十月×日酉時 火六局		天機 巨門 事業宮 癸酉
丁卯			紫微 天相 甲戌
廉貞 地空 丙寅	左輔 右弼 文昌 文曲（忌） 財宮 丁丑	七殺 天魁 丙子	天梁 遷移宮 乙亥

「當一個人無惑或沒有探索命運的弘願時，不如去研究股市行情來得實際。」我調侃他：「如果全世界的醫生都對急症患者說，人最後都難逃一死，我現在拚了老命把你救活，幾年後還是要死去，何必多此一舉？果眞如此，那麼他就非改行不可。」

置產還牽涉一個先決條件，就是鈔票，當錢存夠了，想購華屋一棟，打個電話給仲介公司，立刻有人前來接洽。相反的銀兩有所不足，就會買得手軟，即使撿到便宜貨，貸款也會吃掉大部分的收入，往後的人生就苦

不堪言了。

SOHO族李小姐想在市區購置一間小型辦公室，三十坪左右，做爲設計、製圖兼業務連繫之用，她關切問道：「對我而言，購屋是件高難度的工作，我辛苦工作八年，只夠買半間屋子。從命盤上看，我有這個命嗎？」這類小case實在不必勞駕命理——現實中的事項自己決定即可，交給命運或唯命是問，好像諸事都是命定的，後天任何努力均屬枉然，當然也無須學習技術和修正思想行爲，人活得相當無奈。

類此之事，命理實在不能給她什麼建議，最多是討論一下財經狀況，判別此時的運勢的強弱，能否助她完成心願；購屋其實是個財政問題，認清目標，才不錯怪別人，也才能看準問題的本質。

人口集中後，衣食住行的需求量相對提高，尤其住屋就會發生供不應求的情形，市區的房子奇貴無比，一坪三十萬元以上，不要拉倒，這是市場供需的問題，誰都無力改變。三十多坪的房子要一千萬，實在讓人怯步；唯一的辦法就是貸款，先繳三成現金，剩下的向銀行伸手，六百萬一個月的本金加利息要六萬多元，萬一工作不順利，賺錢不多，無法按時繳清，房子被拍賣了，那就前功盡棄。

李小姐先天命宮在寅，廉貞與地空坐守，僅憑這些星曜仍然不足以發揭命運的眞相，斗數屬於整體祿命式（八字何嘗不是），三方四正的宮星一起斟酌，觀其強弱，才能了解那是一個怎樣的命運架構。

●事業宮在午，武曲、天府與火星坐守。

●遷移宮在申，貪狼與地劫、天鉞坐守。

●財宮在戌，紫微、天相坐守。

紫府廉武相穩定中微帶一點衝勁，攻守俱佳，機緣成熟，多半成爲社會中堅。紫府朝垣，輔弼不照，因此只是一個孤君，性格孤獨冷峻，擅長單打獨鬥、自我肯定，所以歷盡艱辛，備極辛勞。「孤君會阻礙我購屋嗎？」當然不會；但是面對諸多的困境時，她大概不會找專家商量，也不會找親人洽談，缺乏輔佐之人，終究只能孤軍奮鬥。

「貪狼也算一種星群嗎？」

「不錯，三分之一的殺破狼也。」

在紫府廉武相的系統中，並不期待殺破狼成格，如今文格不成武格成——貪狼與火星會照，形成火貪武格，反而需要往武職行業發展，我們鄉下人說這是「豬不肥狗肥」，期望落空的意思；「可能帶來什麼劣績？」生在古代，那絕對是個敗筆，生在今天，反而是一種動力，往波動行業的方向發展，可望揚名異域。

剛才說過，購屋是後天行運的事，觀察目前運勢的消長，才能隱約發現一些軌跡；繼續在先天盤桓，保證什麼都看不到。目前大限到巳，天同坐守，星群換成機月同梁，情勢於焉改觀，此去心思縝密，慢工出細活，凡事一步一腳印，想要躐等，頗有困難。我們可以想像，購屋大約只能分期貸款，全額交割，就會焦頭爛額。

「可能擁有一棟華屋嗎？」

「命理不談這類現實問題；那畢竟非共盤所能探測，談也是白談。」

■

有些問題放在心中久了，就會變成一個負擔，曾有知斗數者警告她說：「財宮無星本弱，不求財就不虞徒勞無功，但是人不能置財物於不顧，但是財勢一弱，就會比別人淒慘。」仔細一想，也有幾分道理。輔星照入，仍會讓她動心，積極投入經營的行列，所以兩事分別存在──空宮是一事，輔星又是一事；其間也許無關，也許相涉。大致上說，她無力承受大財，卻難免有些欲念，好像一個人打牌技術不佳，十打九輸，賭性卻很強，那眞的會輸得淒慘落魄。

「吉凶的事畢竟讓人感受深刻，是否顯現出來？」那當然；勉強下個判斷，凶多吉少也。蓋武曲化祿於午，父母宮也；文曲化忌於丑，財宮也。祿入父母宮，孝思不匱，此外沒有別的意義；忌入財宮，障礙在於財物支配，必有無法克服的致命傷在焉。既然進財困難，財物支配頻出難題，那麼寧可繼續賃屋而住；貿然購屋，銀行利息沉重，生活從此陷入困境，十五年內難以翻身。

李小姐不置可否，不過她想到一個問題：「父母可能龍心大悅，送我一棟房子嗎？」當然有此可能；但那只是一個特性，因爲不是同命者的父母都有這種大手筆。不過不必灰心，若能延續舊業（前一限的行業），那就可以免受文曲忌的摧殘；新創與守成，成敗差別甚大，不妨仔細思考一下。

根據李小姐自己打出的如意算盤，「擁有一間辦公室後，不必再寄人籬下，無後顧之憂後，內心舒坦，大可放手一搏，業績也許就此蒸蒸日上。」這個小小的心願可望實現嗎？我只能告訴她，此運財宮見忌，進財不順，收入遞減，不如預期中那麼美妙，那麼花大筆錢在購屋上就會掏空儲蓄，往後想要花錢，就會覺得捉襟見肘。

購屋置產

「一個人有無能力購屋，從命盤上（八字中）觀測得出嗎？」朋友老方最喜歡弄這類問題來考人，功力不高、研究不深刻者就會瞠目結舌。他見我沒有答腔，態度於是收斂些：「換一種方式問好了，哪個宮位或哪顆星象徵房屋？」

「沒有一宮或一星，能夠觀測此事。」

「何以見得？」

「很簡單，購屋置產只是現實中的偶遇，而非一個命理問題；必須牽涉吉凶，才算命理問題，也才能從命盤上發現得失的蹤跡。」

「命理的事至少要牽涉吉凶，這是一個基本概念。」我義正詞嚴地說：「誰要是不信邪，硬要從命盤上找尋它的蹤跡，找到的永遠只是一個拼湊而成的假相。」

有個朋友田宅宮武曲坐守，他心想武曲主財，財庫必旺，理應擁有華宅數棟；詎料他是壬年生人，武曲化忌，情勢於是逆轉，變成無財，當然也就無力置產，迄今只能寄人籬下。他說得活龍活現，不由你不信；不過思考後發現，那是一種假相，替揮霍而不知節儉找藉口。我說：「閣下應該回家找父母算帳，他們把你生錯年份了。」以為我在吃他的豆腐，狠狠瞪我一眼。其實先天田宅宮象徵祖基或祖居，前者屬於抽象概念，後者屬於具體事項，但無論何者，都與個人在後天的行為無關。

傳統命理指出，祖基遭忌沖破，父祖的根基遭到拔除，當無祖蔭可托，台灣俗諺說得好，「想吃鬍神（蒼蠅）自己拍」，蒙蔭的機率不高。祖居被沖，祖厝敗壞，也許傾圮，也許在都市計劃內而被政府徵收，然後剷除一盡，反正是不住祖屋、不得祖產，祖基（祖居）無靠，只好離鄉背井，自我奮鬥去也。

「白手起家都是殺破狼的專利，我是巨日星群，哪輪得到我！」

「命理從未規定某組星群只能做什麼或不能做什麼，否則淪為一個定命思想的日子不遠。」我解釋說：「就算巨日或機月同梁加吉定性超強，但是孤軍奮鬥、白手起家者仍如過江之鯽，只不過不像殺破狼加煞那樣轟轟烈烈就是了。」

武曲只是斗數十四主星之一，屬於紫府廉武相星群的成員，雖然蘊涵了一些性質，該性質絕對是中性的，既無吉也無凶。古人在主星中賦予吉凶的概念，一路延續下來，習命者無不先入爲主地認爲那是一顆財星，從此深陷定命論的泥淖中，難以自拔。此外武曲化忌就會破財、破產或無力置產的主張也有根本上的錯誤，蓋壬年生人都要倒楣。

那麼「置產該看何宮？」

若要勉強找個宮位，顯非大限田宅宮莫屬。

大限田宅宮象徵住所，近年來因爲現實需要才擴充爲財庫，藏財之所也。任何人想要購屋，首先考慮的當然是他的庫存盈虛；換一個角度說，當財庫豐盈時，透過置產來分擔風險兼保值，也是順理成章的事。不過「在什麼狀況之下，財庫才會豐盈，一生享用不盡？」則要觀測下列二事：

㈠田宅宮坐有主星，得以承受巨財。

㈡化祿進入田宅宮，能夠囤積財物。

當上述二事完成時，想要擁有一些不動產，那就易如反掌了。「購屋、建工廠以及

右弼 天鉞 乙巳	天機 地劫 遷移宮 丙午	紫微 破軍 丁未	火星 財宮 戊申
太陽 地空 事業宮 甲辰	男命 壬寅年六月×日未時 木三局		天府 左輔 己酉
武曲 忌 七殺 文昌 天魁 癸卯			太陰 陀羅 鈴星 庚戌
天同 天梁 祿 壬寅	天相 癸丑	巨門 擎羊 命宮 壬子	廉貞 貪狼 文曲 辛亥

買山林土地，需要大量的金錢挹注，難道可以不管財宮的旺弱？」當然也管，甚至非好好探查一番不可。眾所周知，置產絕非一個獨立事件，它還牽涉財物的盈虧，而財物的盈虧又與事業的成敗有關。舉個例說，有人變賣資產，原因何在？也許事業經營不善，亟需現金周轉也。在大限過程中，此宮遭忌侵入，無財可囤，相反的還會動到庫存，既然所剩無多，想要購屋，那就難上加難了。

台灣的房地產被人惡性炒作，價格節節攀升，無殼蝸牛無屋可棲，只

好四處流浪，逐屋而居。風水畢竟會輪流轉，當景氣走壞時，業者（建商、掮客）困坐愁城，無殼蝸牛則歡天喜地。老陳就是拜景氣低迷之賜，在市郊購置一層七成新公寓，終於有了一個窩。他喜孜孜說：「像我這種吃頭路人想要擁有一間四十幾坪的房子，根本就是做夢。」即使如此，房價仍然貴得離譜，蓋當年飆過頭，即使降價三成求售，對多數人仍然是個重大的負擔，若無銀行貸款，終究只能望屋興嘆。

他給我看命盤，一張4a打出的報表紙，我才瞄一眼，他就迫不及待地抱怨：「哪顆星辰代表置產？我這顆星一定暗淡無光。」我大笑不止：「……這是誰告訴你的祕訣。」兩年之前，他碰到一個老者，算命界的老前輩，斷定田宅宮星暗淡，無力囤積財物，三十九歲以後才可能置些薄產。在眾多的法門中，確實有人主張某些星曜代表不動產，例如天府、天同和太陰坐財宮或田宅宮時，才可能擁有一些不動產。

我反問：「同命者必定同時購屋，可能嗎？」

他笑答：「好像不可能。」

「萬一巨門、貪狼坐田宅宮又逢化忌呢？」

「若非賣產，就會火燒屋，燒得一乾二淨。」

這類祕訣在某些算命階層傳承許久，被人視為一個祕訣，就算入室弟子也不見得知道，更遑論使用了。不過跟其他的祕訣一樣，有人在那裏故弄玄虛，幻眞幻假，說穿了，固不值幾個錢也。「田宅空虛，無力找到一個棲身之所，對我來說倒是應驗。」他大概不會發現那只是一種偶合。在星曜結構中，化祿唯主星可能，故無空宮之虞，化忌不同，可能出現在空宮內，例如昌曲之一坐守，其中一星化忌（逢己辛之年），空宮加化忌，屋漏偏逢連夜雨，其情更烈，想要置產，除非天上掉下銀子。我們始終不敢小看那些江湖人，他們閱人多矣，擁有極高的智慧，足以替人解惑釋疑，獲得民眾的尊敬。

剛才說過，置產只是現實中的偶遇，從現實中考量，答案就在其中；一旦牽扯命理，就會像「一行野雁飛上天」那樣，愈飛愈遠。

■

「財庫既然如此重要，爲什麼不入三方四正？」

「我們也覺得有點納悶；不過此事最好詢問陳希夷。」我思索許久，只能這樣說：

「在宋朝那種社會，人際關係疏離，沒什麼投資理財的活動，要財庫幹嘛？」

西方資本主義的國家賺錢容易，社會福利辦得很好，少有所養，老有所終，沒有多少人願意勒緊褲帶累積財富，而是花光每月或每年的薪資，盡情享樂，明天的煩惱等明天再說；在他們的世界裏，田宅宮的功用又是一番境界。

生活方式是各自選擇的，沒有對錯；不過許多人持一種樂觀的看法：「田宅宮坐旺，努力囤積，時間一到，五子登科，毫無意外。」當然無此可能；不過這種事仍要積極爭取，絕非坐在家裏等，天兵天將就會幫你弄妥，送來黃金五十噸。

斗數論運不能只看宮位和主輔諸星，蓋那只顯示一些強弱，雖然不否認強弱可以左右一件事情的成敗，但是成敗應由吉凶決定，而吉凶概由祿忌決定，這是一個規則。祿與忌顯示了行運中吉凶的位置，獲知往後努力的方向，免得盲目追求，既費時又費力。

「運勢壯觀，就算遭遇挫折，也有能力承擔。」

「確實如此；命理的推論志在發現這些狀況，提供當事人參考。」

目前大限在卯，武曲、七殺坐守，雙星並立，殺破狼兼紫府廉武相兩組星群重疊，氣勢壯闊，能量龐大，不妨藉此完成一些宿願；不過星曜的旺弱是一回事，吉凶福禍的厚薄又是一回事，不能使用等號連上。

「既然不涉吉凶，那麼吉凶從何處分辨？」由化祿與化忌中分辨。破軍化祿於未，事業宮也；貪狼化忌於亥，財宮也。祿忌都跟我有關，顯示這是一步動運，吉凶明現，其中事業宮見祿，與事業有關的經營、執行或開創，可望事半功倍；財宮見忌，財物支配受到干擾，進財困難，破財卻易。老陳問道：「祿忌交替，吉凶分別呈現，宛如走在鋼索上，會不會跌個半死？」其實不必急於獲致一個答案；我們把事情的吉凶位置分析出來，提供當事人參考，就算功德圓滿。

問題看似簡單，未必就有明確的答案，因此他們仍會質疑：「萬一不能獲財，那又該怎麼辦？」你問我而我又要去問誰？命理提示的都是內心世界變化的軌跡，此刻正在想什麼，某種想法是吉是凶，可以隱約發現一些蛛絲馬跡；但是付諸實施，也就是做某事能否成功，因爲牽涉許多的外境，命理就掌管不到了。

機緣就是機會和因緣，經營事業固然需要一些機運，追逐財利何嘗不要。有個算命

先生告訴老陳：「若非房市低迷，走這種運程做房地產，保證卯死。」此說顯然過度天眞，把命理的條件當做環境的條件，沒什麼道理。一個人能夠購置這間房屋，多少還要碰運氣，尤其有些人買房子還兼有投資的性質，現在買貴了，將來廉讓，就很不甘心，所以一進一出之間，是賺是賠，一時還很難認定。

■

老陳的**IQ**頗高，加上見多識廣，沒什麼問題可以難倒他，不過隔行畢竟有如隔山，例如他居然問道：「我不在別的年份購屋而偏偏選在戊寅年，究竟什麼道理？」

他當然可以在其他的年份購屋——不過時間改為丙子、丁丑或乙卯、庚辰等等，照樣產生同樣的問題，所以這類現實中的偶遇理論上沒有討論的價值。一個朋友常問一些莫名其妙的問題：「我去年陞上科長，爲什麼不是前年或今年？」我說：「你該去問市長，是他批准的。」「不過他已經鞠躬下台了。」「他人還住在高雄，哪天在街上遇到，再問可也。」

「購屋也是一種選擇，選擇公寓、大廈或透天厝，在哪個區域以及什麼年份，都可以充分決定。」我告訴他：「當然啦，背後不能沒有一些現實條件的配合，當條件不足時，任憑你有多大的本事，也要望屋興嘆。」

「那是蝦米碗糕條件？」

條件當然很多，犖犖大者就有有下列幾項：銀子、家族的需要以及適當的房子；前後屬於客觀存在的事實，有就是有，沒有就是沒有，不能通融；後二者則是主觀的認定，可以變通。因此我只能要求他認清事實：「置產、購屋以及處理任何一種不動產都是現實中的偶遇，觀察環境的盈虛，然後加以取捨，多少可以了解一些得失和狀況；請教命理，簡直問道於盲。」

指鹿爲馬

古賦指出，破軍先破後立，居田宅宮，這種人開始必然困坐愁城，歷經幾番風雨和驚濤駭浪後，才終於擁有一座華屋。這種論法不覺得有什麼獨特，望詞生義而已，蓋不是所有的人田宅宮都有個破軍，那麼他們就不虞「先破後立或先立後破嗎？」當然不可能如此；破軍在任何宮位都沒有上述的現象，此事的眞僞其實是極易辨別的。

一個朋友打斷我的話：「……NO, NO，你弄錯了；古人的意思是田宅見破軍的人才有先破後立或先立後破的現象，其他的人則不見得。」

「無論古今，持此論者都難逃定命論者之譏；因爲一個人的屋宅的破立，非由一兩顆星辰決定，甚至把整個命盤倒過來看，照樣觀測不出。」我說：「此事屬於一個現實問題，必須從現實中加以考量，交給命理，那是弄錯了對象。」

他把頭搖得像貨郎鼓，然後以一種鄙夷的神情說道：「這你就有所不知了；有些大師能夠透析未來，見人所未見，那些預測後來都應驗了，他們使用的都是古賦，顯示古老的斷驗記錄顛撲不破。我想要弄清楚的是，當年又是如何發現的？」

也許出自統計，也許只是憑空想像，無論何者，仍要一些辨正。

從現代學術的觀點看，應該清楚；命理使用生辰定位，因此討論的都是共性，同命者都會發生的事項，如果只是一兩個人符合，這叫偶合，無法成爲一個普遍定律。假設同命者一律如此，那麼我們就確定破立的事與破軍有關。

台灣的房地產政策非常畸形，連經濟學家都會傻眼，對多數人而言，購屋不過是買個殼，以便遮風避雨，聊做棲身之所，但是投機分子利用暫時性的供需失調，拚命炒作，買了放在那裏等待高價脫手，造成房價居高不下的現象。大致上說，前者不管房價高低，反正要住人，擺久了也許就會增值；後者則要考慮市場的需求，萬一碰到景氣低迷，房價直直落，那就會跳腳。

簡君現在有個論及婚嫁的女友，他希望先購一屋，布置得美侖美奐，然後迎接女主人入內主中饋。他自豪地說：「讓太太跟著自己奔波操勞，那是男人的恥辱。」這種話

巨門 右弼 財宮 己巳	廉貞祿 天相 庚午	天梁 天鉞 辛未	七殺 鈴星 壬申
貪狼 戊辰	男命 甲辰年六月×日戌時		天同 地劫 左輔 命宮 癸酉
太陰 擎羊 遷移宮 丁卯	金四局		武曲 甲戌
紫微 天府 文曲 丙寅	天機 陀羅 地空 天魁 事業宮 丁丑	破軍 火星 文昌 丙子	太陽忌 乙亥

相當貼心，值得婦女團體給予表揚。

他問道：「這個願望雖然微不足道，對我而言卻意義重大，你看何時可以達成？」他顯然把所有的事情都跟命理牽扯一起，命中具備了，努力經營，必有可觀的錢財進帳。其實命理只管吉凶的事，購屋不涉吉凶，自己決定就行了，過度依賴命運，弄錯方向，結果什麼都得不到。

「算命先生都說在某年買的房子不但價廉物美，而且庇蔭身體健康、事業發達，是否可信？」

那是風水師的說法，夫子自道，

缺乏可靠的數據支持，不能盡信。

我們宜先釐清一事，購屋不是命理問題而是一個現實問題；既是現實問題，顯然就要從現實中加以考量，在命盤上找答案，等於台灣俗諺說的「豬母牽去牛墟」。老簡問：「有人堅持那是一個命理問題，根據的理由何在？」沒有理由，亂套而已；命盤上絕無一個宮位能夠顯示房屋（不動產）的有無、多寡以及變動的狀況，古今並無不同。不過他質疑道：「那麼田宅宮豈非一無作用？」不錯。田宅宮的象徵意義有二，一是祖基，二是祖居；無論何者，都有一個通性，就是家族所共有，不因其中一人命運的興衰而改變。大限田宅宮才叫財庫，自己可以支配；剛才說過，置產純屬現實中發生的事，從環境中考量才算適性。「何謂環境中的事？」當然就是發生在身邊那些情況，把所有的事情都交給命運，顯示一切唯命造，做人就沒有尊嚴了。

台灣的算命先生都從命盤上（八字中）討論置產，頗多靈驗，譬如哪年購屋，價格高低；哪年獲得父母贈與，數量多寡，堪稱斷驗如神。老簡相當疑惑：「照理說不該會準，卻又神準，這是什麼緣故？」若是猜測，就沒有準不準的問題；命理絕非萬能，相

反的虛弱無比——命理只能隱約顯示內心的變化而無力涉及一個不可知的外境，置產就是一個外境；此外房地產的處理沒有吉凶，因此也不在命理討論的範圍之內。

「怎會沒有？老兄太目中無人了。」他露出鄙夷的神情說：「買錯了，住得不安，事業逐漸頹敗，錢財平白流失，甚至健康受損，子女學業無成，豈能視若無睹。」

這些都是沒有意義的擴張。

■

老簡的命宮在酉，天同坐守，田宅宮在子，破軍居中，符合先破後立的條件，他很怕古籍的斷驗是眞實不虛的。幾年前他問過一位斗數大師，這回大師解釋成破中帶立，也有事實的依據。大師說：「有人認爲那是先破後立，顯然指鹿爲馬，這種類型的命我看多了，八九不離十。」因此在購屋一事上，頗讓他三心兩意。

我問：「他有沒有叫你注意防範火災？」

他說：「你怎麼知道。」

因爲其中尙有一顆火星，星星之火可以燎原也。我素來了解一些江湖算命的方法，他們透過一些祕傳或師門祕笈，賦予諸星特殊的作用，然後按圖索驥，解釋甚至預言各種現象，只要你敢問，他們就敢答，幾乎不曾遭遇障礙。

機月同梁兼了一點巨日，結構穩定，耽於安逸，這是一個人的內在心性，自然還會影響處世的態度，面對外境的人事物時，多半採取比較溫和的手段。不過羊陀空劫分別照入，煞多於吉（四比三），性格略爲急躁，喜歡速戰速決，厭惡拖泥帶水。

「我這種命住透天厝好？還是公寓好？」

「此事並非命理問題，自己決定就好。」

「有些祕笈記載，命盤就像羅盤，也隱藏了陰陽宅的方位，斗數高手據此論斷宅位吉凶，不輸一個風水明師。」老簡於是問道：「有個大師透露，我的田宅宮在子，屬於北方正水之位，子的對宮爲午，正南方也，因此房屋坐北朝南，保證事業發達，財源滾滾而來。此說是否可信？」

「斗數自是斗數，風水自是風水，兩者不相干，從命盤看風水，沒有道理。」

上述諸項若要一一探研，準會沒完沒了；目前陽宅風水派別很多，各言其是，不盡

相同，讓人迷惑。不相干是我說的，許多術士根本就拒絕承認，他們振振有詞：「命理既然志在探討人生事項，難道連置產都不關心一下嗎？」

剛才說過，購屋不是命中註定，從命盤上找答案，等於問道於盲。

■

即使如此，信服者畢竟不多，令人意外，例如老簡就揶揄說：「置產是件大事，凡是重大事項必然顯示在命盤上，有人推得出，有人推不出，端視段數高低。」我反問曰：「假設老兄在凹仔底購了一棟華屋，如果此事寫在命盤上，那麼同命者屆時都將在凹仔底置產，閣下信乎？」大概擊中了要害，他立刻沉默下來。若要討論，需要解決的問題還有很多，例如置產必須大量的資金挹注，此實就要注意財庫的盈虛；這是後天環境的偶遇，繼續在先天中盤旋，忙了半天，只得一個似是而非的結論，沒有意義，還可能立刻被人推翻，白忙一場。

「天同化祿於子女宮，暗示我將生兒育女，故亟需一個住所安頓。」他有點擔心：「置產的機率必然很高，現在的問題是，我有能力嗎？」

「如果連閣下都不知道，我這個外人又如何獲悉？」

化祿入子女宮不一定就是就是生兒育女，此事畢竟無法推論；此命順行，目前大限到子，正是先天田宅宮的位置，這只是一種固定的排列，並無特殊的含意，雖然有人指出：「命坐子女宮，當為子女的事煩心，將有一些推力存在，不可完全抹煞。」即使如此，跟命理又有何干？順行第四步大限，一律在先天田宅位上，逆行者完全沒有機會，但也不能說他們就不想或不會置產。

殺破狼星群強勢得多，行運至此，形成弱命走強運之勢，此去多半精神抖擻，準備藉此完成一些宿願；這類宿願包羅萬象，有人求名，有人求利，有人遨遊四海去，有人看房子準備置產，不一而足。不過強運不等於佳運，必須仔細觀察祿忌的落宮，才能判別運勢的好壞，這點必須千萬記住。

廉貞化忌於午，在先天，這是子女宮，在大限，這是遷移宮。由於是行運，後天的重要性勝於先天，此去外緣欠佳，人際關係的互動有了不良的反應，諸多的涉外事務將有重重的阻礙，動輒得咎，也許得罪一些老朋友、老顧客，自己也不知怎麼一回事。

天同化祿於酉，情況跟先天無異，但後天重於先天，因此重心就在子女，後天是此刻的遭遇，爲了安頓子女，覺得亟需購置一間固定的房子。「若無子女呢？」既然不去呼應，那麼就會得過且過，也許繼續賃屋下去。

經驗指出，運程的好壞均非客觀存在的事項，而是一種主觀的認定，當一個人拚了老命在求名牟利時，內在世界中就會積極奮起，但並不等於環境也會順著我的意思發展；其成與敗，不是我所能決定，而是由群體意識來決定。如果外境也是主觀的，那麼其成與敗我就能自主，走了好運，予取予求，並不意外。假設老簡不再涉及波動行業（俗稱武市），那麼遷移宮的吉凶就沒有直接的感應，可以置之不理。不過與人交往，常爲小事爭執，經常弄得不歡而散。

丙子大限的化祿（天同）在大限子女宮，但是化忌（廉貞）卻進入先天子女宮，先後天「祿忌交換」，既吉又凶，既凶又吉，這種運程的福禍不知如何判別，讓人迷惑。許多人見後也難免質疑，吉凶盤根錯節，結構亂糟糟的，斗數算命簡直沒有一個準則，讓人無所適從。

「應該不會；先天屬於一個人的基本心性，後天則是偶然的心理變化，兩者的作用相當清楚。」我鄭重告訴他：「不按規則析命，終究有惑。」

誰來抬轎子

在命理層次中，獲致名利叫做發跡，奮鬥有成之意；在這種共識下，每個人都想縮短奮鬥的時間，讓英年早達，出類拔萃，從此在社會上立足，擁有一片天。台灣青商會舉辦的十大傑出青年選拔，規定候選人不得超過四十歲，意思很明白，超乎此，你只能算一個中年才俊。

但是絕少人能夠體驗好運其實是十分珍貴的，最多二十年，最少十年，絕少能走三十年，否則發起來保證轟動武林，驚動萬教；在好運中積極營運，又得環境義助，獲利必然可觀。當一個人受到化祿激勵，鬥志高昂，積極進取，對外境得失的判斷力也高，每每締創彪炳業動。一些朋友指出：「好運也要選對時機，來得太早跟來得太晚一樣，都因缺乏實質的效果而變成無用，過乾癮而已。」他們的說法大致可信。

基督教聖經說，凡是含淚播種的，必將歡笑收割，果實壯碩而甜美，令人嚮往。成

巨門 忌 陀羅 鈴星 遷移宮 乙巳	廉貞 天相 地劫 右弼 丙午	天梁 擎羊 財宮 丁未	七殺 左輔 戊申
貪狼 火星 地空 甲辰	男命 丁未年五月×日未時 金四局		天同 天鉞 己酉
太陰 祿 文昌 事業宮 癸卯			武曲 庚戌
紫微 天府 壬寅	天機 癸丑	破軍 壬子	太陽 文曲 天魁 命宮 辛亥

就歸於上帝，他們往往感激涕零：「託命理之福，我此刻正在走好運，終於獲得名利。」一般認爲，好運象徵財官順暢，要官有官、要財有財，位高權重，從此得以支配社會多數的資源，「喊水會堅凍」之人也。不過「好運」的定義稍嫌模糊，至少光用「我走了好運，所以我發達了」似乎不夠，有被譏爲外行人說外行話之嫌；宮位宛如星羅棋布，又採定宮論命，因此必須把關係位置指出，才算圓滿。在斗數領域中想用江湖話矇混過關，比較不那麼容易。

有一家五金公司在創辦人胼手胝足三十年後，終於有成，股票上市，十分風光。數年之前，老創辦人退休，業務交給第二代經營，這位後生少年得志，從未賺過一毛錢，不懂賺錢的困難，也不知現實的可怕，因此盡情揮霍，他一年的交際費多少，猜得出嗎？「六千萬元」也，聽到的人都忍不住要打個嗝。多數人領薪度日，一個月四萬元，一年五十萬，十年五百萬，四十年也不過是兩千多萬，也就是說，上班三輩子賺的錢人家一年就把它花光光。好運易過，財勢逐漸褪去，就會坐吃山空，數年後一貧如洗；往後就算力圖振作，此時繁華落盡，一切都已成空，往事只能回味也。

「表現得如此傑出，是否命理結構使然？」

「我認爲跟家境的關係更密切。」

偶爾跟一些朋友談命，我會出題考曰：「假設每個人都有兩步好運，任意放置，那麼閣下希望放在哪個階段？」多數人希望放在四十歲以後，若問「爲什麼？」他們都說，從四十歲發到六十歲，然後緩慢降落，好像滑翔翼一樣，等滑到谷底，七十幾矣；絕少有人放在青年的階段，大概年紀尚輕，無福消受也。

李先生巨日兼一半的機月同梁，結構柔和，定性很強，上班任職，一生無咎；但因照到三煞，沖激增強，巨日那種叛逆性格凸顯出來，變得熱情洋溢，喜新厭舊，但是欠缺耐性，一遇橫逆，就會跳起來迎頭痛擊，直到對方不支倒地。他有一次問我：「一個如此快意恩仇、恩怨分明的人，可能致富嗎？」這就講到重點了。

在弱肉強食的社會中，唯有強者才能獲取廣大的資源，分配利潤並坐享其成。不過我們發現一事，覺得非常奇怪，富翁的個性多半溫呑，帶點傻氣，面團團而肚大大，笑臉常開；不用打聽，他們命中照煞必然不多，頗出人意料。從另一個角度說，當一個人一天到晚緊繃著臉，好像每個人都欠他會錢時，別說同事看了倒胃口，財神爺也會退之三舍。

■

「我想致富，但怕條件不夠而走了岔路，你看該怎麼辦？」

這也是眾人的問題，理財專家最近也在爲這種困境提出解決的良方。

我們只能這樣說，致富牽涉許多的條件，內外均有，命理無力觸及外境的條件，最

多只能就內在提出一些議論。經驗指出，首先是擁有一個得以承受大量物質的命局，尤其財宮不能空虛（內無主星），若是成格，還可能驟發；其次是走到旺財運，身心為之一振，從此積極進取，蓄劫待發；最後是著手求財。當三者俱足時，就會致富。

李君對那些煞星見怪不怪，這點倒是異於別人。他說得好：「依我研究，不帶幾顆煞星，缺乏慾望和攻擊火力，想富也富不了。」我讚許道：「不錯，這才是正確的星曜觀；煞星不能太多，否則慾望太高，終生勞碌，也與富庶的本質違背。」所以發財不若一般想像的那麼簡單，過程反而相當曲折繁複。

在先天結構中，他具備了發達的條件嗎？那當然；有祿忌牽引為證：

(一)太陰化祿於卯，事業宮也。

(二)巨門化忌於巳，遷移宮也。

祿入事業，經營事業才是此生發展的重心，故非全力以赴不可。「化祿所進之宮的事物才是為我所有？」命理中沒有一定之事，這個部分仍要現實環境充分配合，方以致之。相對而言，人際關係的互動受忌干擾，外緣欠佳，缺點一旦暴露，就會屢遭挫折，

讓人痛不欲生。「既然如此，又該如何趨吉避凶？」顯然就是發展事業，並避免接觸需要外緣的行業，則一生無咎。李君說：「此話有點矛盾，現代的企業經營牽涉的層面都很廣，豈能置外緣於度外？」似乎如此；不涉外境的事業其實還真不少，例如生產業、技術業、維修業以及一些研究發展、學術探討。

若說矛盾，那也是閣下的內心產生矛盾，我們照本宣科而已。現代社會人際關係完全開放，人來人往，百無禁忌，除非學魯賓遜漂流荒島，一個人過活，什麼事都不發生，否則不可能不暴露缺點。

命理不可能什麼事都規劃完備，這個可做、那個不可做，這個做了致貴、那個做了致富，一五一十，寫在命盤上，免得大家亂猜；如果有此祕笈，那肯定是神仙留下的，人類的智慧絕對無法臻此境界。命理再厲害，頂多只能揭示一些原則、觀察一些現象，有時模糊得像霧裏觀花；不過這種狀況也有優點，就是保留了一些思考的空間，給當事人迴旋，並防止變成一個宿命論。李君當然可以求財，只不過不如從事業的方向發展輕鬆愉快。這點必須發現出來，提供趨吉避凶之用，才算功德圓滿。

「老兄論命段數天下第一，看得出我何時創業，擁有多少家公司嗎？」

「完全不能。」

「隨便說一個。」

「因爲那是一種選擇，憑自由意志決定何去何從。」我笑道：「一個人愛什麼時候開創就什麼時候開創，既然如此，就沒有命運或命理插手的餘地，對不對？何況我並非閣下肚子裏的蛔蟲，怎麼知道你何時創業？」

「據說流年事業宮化祿之日，就是開創之時。」

「那是一個天大的誤解。」我說：「難道同命者都在同年同月開一公司？」

他不再吭氣。

■

象棋中的兵卒天生受限最大，一次只能走一步，過河前只能前進，過河後雖可左右橫行，但不允許回頭。有些朋友屢敗屢戰，終於看準了某個事業，匯集了一些資金，準備孤注一擲，顯示成敗在此一舉，處境跟過河卒子一樣，因爲已無後路可退了。他們動輒問道：「我正在做某事，你看成功率高嗎？」我不知怎麼回答。這種大事當然要研究後才做，豈能做了再研究，如此本末倒置，不失落才有鬼。台灣俗諺說，「頭洗了，無剃麥賽」，麥賽者，不允許也——不允許什麼？不允許打退堂鼓也。

成敗多由外境促成，卻被歸諸於命理；其實命理的功能相當有限，不如想像中那麼神奇，不過幾百年來一直認爲概由命運之神主宰，觀命理即知成敗。我說：「命理提示了奮鬥的重心，確立方向，知所進退，避免走冤枉路，光憑這點，就值回票價了。」聽得進去的究竟多少，就不得而知了。

歸究起來，在傳承中遭到術士的誤解和刻意扭曲，於是被導向一個非理性的層次，幾百年後，終於變得如此乖違。古人故意強調一些非理性的因素，命理被虛構成爲一個曲折的、玄祕的世界，撲朔迷離、難分難解。時至今天，知識分子依舊弄不清楚那是怎麼來的，翻開命書，發現充斥著盲纏瞎打、指鹿爲馬的情形十分嚴重，深入命理之前，須先揮刀斬去那些荊棘，才可望走入康莊大道。

七殺在申坐命，三方所見，殺破狼星群也，這類結構本身並無特殊的寓意，卻常被

誤認為一個劣等結構，吉作凶斷或凶作吉斷，弄得顧客一頭霧水。殺破狼動性很強，適於武市行業，在推銷、批發或國際貿易上發揮，適才適用。遷移宮照見雙帝，又稱紫府朝垣，輔在命宮，形成「君臣慶會」文格；財宮也形成了「火貪」武格，文武雙全，相對於先天巨日的弱勢，這種強運確實千載難逢，豈能讓它平白溜走。

命運的功能常遭誤解，一部分源自民眾的無知，例如有人辯說：「走了好運，還不是要工作，難道坐在家裏等，天上就會掉下金銀財讓我撿？」這種話經常聽到，耳朵都快要長繭了；好運不過是顯示此時的心境（內心世界）不錯，自信心強，果斷力高，對於外境的刺激會有一些正面而積極反應。由於化祿具有自信、穩定和成功率高等正面作用，一旦付之行動，多半能夠成就，如此而已。

有些事情之所以變得難分難解，諒係人為的因素使然。李君認為：「成功、失敗往往立於兩個極端之上，欠缺一個中間路線可走，所以逼著人非全力以赴，至死方休不可。」我告訴他一些我的看法：「台灣社會喜歡以成敗論英雄，根據官階高低、財富多少判別一個人成就的高低，那種現象很糟糕，根本忽視了人的尊嚴。」

巨門 陀羅 鈴星 乙巳	廉貞 天相 地劫 右弼 丙午	天梁 擎羊 丁未	七殺 左輔 戊申 大限命宮
貪狼 祿 火星 地空 甲辰 財宮	丁未年五月×日未時 戊申大限的消長 金四局		天同 天鉞 己酉
太陰 文昌 癸卯			武曲 庚戌
紫微 天府 壬寅 遷移宮	天機 忌 癸丑	破軍 壬子 事業宮	太陽 文曲 天魁 辛亥

此限貪狼化祿於辰，財宮也，俗稱走財運，積極求財，當能如願；不過需要求財的手段，繼續上班，領的是死薪水，再好的財運也是船過水無痕。戊申是壯年期，在這個階段走上財運，睡到半夜都會爬起來偷笑。

「障礙呢？」障礙就是天機化忌於丑，合夥宮也，與人合作事業，常存戒心，相互猜忌，中途反目，然後隆重拆夥。

這是一步如假包換的旺財運，庇蔭財利，努力經營，驟發可期。壯年以後走了好運，經驗和閱歷充足，時

機又恰到好處，台灣俗話叫「順風推倒牆」，把心思調整到求財的方向，就算他不想致富，也會有人把鈔票送到他面前，引誘他縱身而入。

「財宮火貪武格成立，可望橫發，非做武市行業不可嗎？」

不一定；不過從事波動性行業，才算如魚得水，適性適格。殺破狼的生長曲線本來就十分壯闊，加煞後更是充滿衝勁，喜歡冒險犯難，火中取栗，由於沖激力大，無論成敗，起落的幅度必高；這個武格屬於槓上開花，遇祿沖發，頃刻間獲利無數。

「貪狼化祿逢空畢竟有敗，古賦指出，這是祿逢沖破，吉處藏凶，行事過度樂觀，就會樂極生悲。」依我研究，並無祿逢沖破這回事；空劫的作用並非破壞或劫財，因為那不是一顆凶星；空劫不帶吉凶，而是富於思考，喜歡天馬行空地遐思而已。

火貪遇祿沖發只是運程的偶遇，十年匆匆易過，過後旋即恢復舊觀，也就是恢復丁未大限的舊觀，除非下個大限繼續走財運。他問：「那麼丁未也是旺財之運嗎？」我答：「已經不是了，那是一個破財源運。」

我們指出戊申為此生最旺之運，基於下列兩個理由：

㈠殺破狼加煞，動量很強。

㈡只見祿而不見忌。

比較而言，這種運程確實有股勢力在，充分利用，致富何疑。許多人還是會問：「好運眞的帶來名利，讓我享有各種財福嗎？」答案是「不一定」；好運只是內心感覺紮實，想要振奮，對事情的判斷率較高而已。名利的有無、多寡以及順逆度都跟外境有關，光憑命理是確定不出的。

根據「發過不再發」的自然律，經歷一個高峰之後，不會再見另一個高峰，此後遇到的最多是個次高峰，衝勁和反應力都有減緩之勢。例如丁未大限仍走財運，但是巨門化忌從妻宮斜沖事業宮，造成事業震盪，看起來就沒有戊申大限那麼固若金湯。

從星曜結構看，殺破狼似比機月同梁強勢，尤其火貪武格引爆，能量大到無限，據此攻城掠陣，如入無人之境。由此觀之，「戊申大限貪狼化祿帶來的吉祥份量，將比丁未大限太陰化祿旺勢，對嗎？」

「算對，但也算錯。」我說：「對是因爲殺破狼在承擔上比機月同梁強勢一些，獲得的數量相對增加；錯則是星曜沒有大小之分，它們進入諸宮後產生的作用力相等，須作此觀，才是正觀。」

「證之實際，殺破狼無論發或破，都是轟轟烈烈的，跟機月同梁那種溫吞的形象相只能提而無法並論，因此結局判若天淵。」

務必記住，戊申大限貪狼化祿不是貪狼這顆星受到催化，桃花性質散發出來，從此紙醉金迷，沉淪五欲之中；而是藉著貪狼把祿星帶到某宮，我們根據宮位看出那是什麼事受到祿星的催化。化忌的情況也是，天機把忌帶到一個宮位，再查出那是什麼事情遭到破壞。

有個朋友精研古賦，他提醒李君注意一事，天梁、擎羊坐命，遷移宮的天機照入，形成一個惡格——「天機天梁擎羊會」，別人的會也許充滿商機，他這一會卻會出了危機。「有什麼災禍臨身？」，若說災禍，那就恐怖至極了，「早見刑剋晚見孤」也。所幸這只是行運的偶遇，何況我們不以爲那種惡格有效。

這類賦文雖無作用，卻可能把人唬死。其實親情緣分的厚薄只是一種特性，雖千差

巨門 忌 陀羅 鈴星 乙巳	廉貞 天相 地劫 右弼 丙午	天梁 擎羊 丁未 大限命宮	七殺 左輔 戊申
貪狼 火星 地空 甲辰	丁未年五月×日未時 丁未大限的消長 金四局		天同 天鉞 己酉
太陰 祿 文昌 癸卯 財宮			武曲 庚戌
紫微 天府 壬寅	天機 癸丑 遷移宮	破軍 壬子	太陽 文曲 天魁 辛亥 事業宮

萬別，卻被人故意忽略；眾所周知，命盤相同，親緣卻異，因此六親榮枯非共盤所能掌握。年輕孤剋、晚年孤獨也許眞實，但那只發生在少數人身上，而非同命者所共有，所以沒有準與不準的問題。

論命當然不能專論命宮而忽略其他三方，否則就會見樹不見林，認識不夠深刻，被識者恥笑；三方的主輔諸星納入考量，從中發現系統發展的脈絡，進而判別一個行運的消長。古人做不到這點，他們的結論終究只能誤引誤導，無法讓人信服。

機月同梁本質柔和，淡泊明志，與世無爭，適在安定中求進步，因此不宜過度衝刺，以免衝過頭，跌入萬丈深淵；相反的事緩則圓，缺點不致暴露也。他指著命盤：「擎羊看來窮兇惡極，要不要處理一下？」擎羊只是一顆煞星，沒有吉凶；此星性剛，對柔性結構而言，具有一種激勵的作用，從此思想堅定，任事積極，理應視爲一顆恩星。

李君告訴我一件往事，丁丑年夏天某日，他跟幾個朋友在一家日本料理館聚餐，一盤沙西米尙未吃完，來了一個人，介紹後方知是個命理大師，精通易經、命理和風水，隱遯世間的高人，被一些高官巨賈奉爲佳賓。

大師坐定，向在座的人禮貌打了招呼，然後把目光停留在李君的臉上，十秒鐘後，終於口吐眞言道：「開車、行走務必小心，否則十天之內，要見血光。」爲了表示他的斷言具有無上的權威性，當場乾了三杯月桂冠清酒。

我問：「準嗎？」

「準得不得了。」他回憶說：「五天後的下午三點多，我從辦公室出來，準備買一點吃的，一輛摩托車從後面側身撞過，整個人倒在地上，左手和右下腿擦傷，流血不止。」李君於是問道：「這種事預測出來，不就是劫數難逃嗎？」我說：「那是一種偶合（偶然符合），他運氣奇佳，一猜便中。」「就算猜測，也未必每猜必中呀！」「他們使用一種特殊語言，讓顧客去套，萬一套錯，還能自圓其說。其實血光之災屬於一種特性，發生在少數人身上而已，因此從共盤上推論不出。」

「他們是否能夠預知未來？」

「我不是十分清楚；我只能告訴你一個邏輯常識：從命盤上得出的任何一個結論，同命者都要必然符合；假設隔壁老張被預告某日發生車禍，其他的同命者確實都在同一天被摩托車撞傷，那麼我們可以確定車禍的事與命理有關，術士果然斷驗如神。」

李君陷入思考，他畢竟知道如何思辨，終於恍然大悟：「該死，我被他騙了！」

這種事經常發生，但多數人毫無感覺，原因是沒有人願意思考。

■

「先天事業宮見祿，重心在事業，發展事業才算適性，不過行運走了兩步財運，等

於把方向錯開了，此時究竟繼續往事業的方向走，還是改變方針經商求財去，令人迷惑。」人總是得隴望蜀，這種運程慾望熾盛，內心蠢蠢欲動，但無論如何，發揮了命中的優點，成功率必高。

許多朋友說：「如此一來，命理凌駕一切，做人就沒什麼尊嚴了。」問題的癥結就在這裏。

命理的發展雖說經歷了一千年（有人甚至遠溯春秋戰國時代），其實推論規則的建立還是最近的事；由於缺乏科學方法學的概念，於是胡纏瞎打，只好在低層社會中苟延殘喘，被知識分子唾棄。在目前的階段，命理尚無法像西方自然科學那樣利用一些普遍定律加以規範，並且達到量化的境界，所以沒有人當它是門學術。不過命理反映的都是複雜而且模糊的人生，若無一些規則加以規範，每人都說一套，就會大打濫仗。

富翁屬於稀有動物，任何一個時代、一個地區，偶爾出現一兩個，物以稀爲貴，這種富才有價值；相對而言，富翁、富婆滿街走，一個招牌掉下來就砸到兩三個，那就沒什麼了不起了。據說土地公（福德正神）生性仁慈，對於善男信女求官求財向來有求必應，老婆卻不以爲然，她說得好：「大家都發財了，將來我們的女兒出嫁，誰給她抬轎子。」說的也是；雖是一個杜撰的故事，卻也發人深省。

傳說多半只是虛構，卻頗具警示的作用，一個朋友指出：「人因爲揹負了太多文化的包袱與社會的期望，求好心切，演出才會走樣；有人不知警惕，勇往直前，因而屢遭險阻，終至沉淪，也就不足爲怪了。」也許見仁見智，看你站在什麼角度觀察人生了。命理討論的都是共性，同命者都會發生的普遍事項，而無力觸及個人特殊的際遇；我們確信，不知有這個極致而在那裏橫衝直撞，他的功力才有問題。

滾石不長苔

「命理說我財星高照，我眞的會致富嗎？」

「不會。」

「憑什麼這樣說？」

「因爲命理描述的都是內心世界的變化，知命理者觀察命盤，讀出變化的軌跡和起伏的係數，供做處世待人的參考。命中財福二宮星旺（主星坐守並形成特別格局），確實有承擔大財的能力，因此積極營運，外境得助，當有驟發之機；但是把外在當做外境，再怎麼自圓其說，都通不過經驗的檢證。」

現代命理把命盤（八字）當做一張x光片，外行人當然看不出什麼名堂，外科醫師一瞧，知道哪個器官發生病變，可能罹患什麼症狀。不少人誤以爲命運的優劣和成就的高低都是命盤決定的，命局優秀，星曜吉利，因此運程順暢，名利雙收；命局低下，星曜呈凶，因此命運多舛，前途無亮。這種觀念堪稱「老太婆的棉被，蓋有年矣」，從一兩千年前延續過來，想要改善，非常困難。

星曜會害人嗎？好像會，因爲有人曾經抱怨道：「巨門坐命，本來就充滿是非，化忌後終於惹禍上身，害我官司纏身。」言下之意，那天在酒廊跟客人衝突，他在盛怒之下用酒瓶把人家的頭打破，血流如注，此事顯與自己的行爲無涉，而是受到命盤星曜催化所致，本人無罪，罪在命盤。

婦女比較信命，也比較愛算命，偶爾聽到她們訴苦：「我因爲夫宮坐桃花（貪狼）星，算命先生說無論嫁給誰，丈夫都註定要外遇，劫數難逃。」這種現象如何造成的？有位婦女如此解釋道：「我的夫妻宮廉貞、貪狼坐守，兩顆桃花在那裏爭豔，戊年貪狼化祿牽引了桃花，發現丈夫跟女同事出遊，我忍無可忍，過了兩個月我們就離了，眞的是無語問蒼天。」

我常在想，上述現象究竟自己的行爲所致，抑或那些主輔星曜所牽？若是前者，行爲自負，不能推諉塞責；若是後者，則不妨讓命運之神來承擔。一言以蔽之，無論何者，都與命理結構無關，因此不能機關槍亂射。

一個朋友堅持那是命盤帶來的劣績，他說：「否則爲什麼要那麼排？」

「這種問題太深奧了，我無能爲力。」

■

斗數有個特異功能，就是把一生發生的事情歸納濃縮成兩件，一件是最完美的、一件是最拙劣的，然後用化祿和化忌指出來，所以我們根據祿忌的落宮就能發現一生功過的位置，知道如何趨吉避凶，命理能夠做到這點，眞的是個了不起的設計。

即使如此，一般人還是懷疑此事的可能性：「走事業運就一定發達嗎？我連走兩步事業旺運，仍是一個上班族，爲什麼？」這種問題牽涉到許多內外境的因素，堪稱一言難盡；由於普受傳統觀念的影響，以爲命理涵攝一切，足以透析所有的天機；其實一個人想做什麼，都是可以選擇的，而非註定的。

化祿顯示了吉祥的所在，這個部分包含兩事，一是奮鬥的重心，這輩子努力的方向，一是自信心足、成功率也高，在此用心，多有所得。由此觀之，事業宮見祿，發展事業，優點凸顯出來，不怕徒勞無功也。現象界的事項都是相對的，吉凶相對，苦樂相對以及善惡相對、黑白相對；沒有一事曾經絕對存在過。有人問道：「哲學家爲什麼要強調絕對眞理？」我說：「從相對思想中怎麼可能推出絕對眞理？」命理利用時間定位，同命者命運結構相同，因此所有的吉凶、窮通都是相對的，因人而異、因環境的變化而有所不同；若有一個絕對的結論，顯然就是定命論。

但是堅持定命論的仍然不少，這個世界才因此變得如此複雜，例如有人問道：「我不做生意卻走財運，也會發財嗎？」別說走財運，甚至走事業運、走遷移運甚至走夫妻運都可能發財。許多朋友碰面，往往大吐苦水說：「我經營事業盼望走事業運，現在走的是命宮的運，難怪做得七顛八倒。」如此種種，都是誤解了命理的功能所致。世事多舛，不如意事十之八九，因此每個人都亟待好運的庇蔭，才能成就。在相對條件下，當化祿進入三方四正時，自然而然帶來一些吉祥效應，都算好運，只是沒有直接走財運那麼紮實就是了。■

天機 天鉞 乙巳	紫微 丙午	丁未	破軍 地劫 戊申 事業宮
七殺 甲辰 命宮	男命	壬寅年十二月×日酉時	己酉
太陽 天梁（祿） 右弼 天魁 癸卯	火六局		廉貞 天府 陀羅 火星 庚戌 遷移宮
武曲（忌） 天相 地空 壬寅	天同 巨門 文昌 文曲 癸丑	貪狼 擎羊 鈴星 壬子 財宮	太陰 左輔 辛亥

當一個人投入經商的行列時，目標相當清楚，將本求利，獲得報酬。但是經商需要一些本事，更需要一些運氣，當諸多條件搭配得宜，發財才算可能；欠缺其中之一或之二，學歷再高、本事再好，也要徒呼負負。不過多數人好像不作此想，他們主觀認為方向一旦正確，努力經營，上帝就會助他發財。

郭先生從事電話器材經銷，販賣大哥大和一些周邊設備，這是一個熱門行業，台灣的內銷市場狹窄，因此競爭力奇大，大家一窩蜂地介入，行情很快就弄壞，所以沒有三天的好光景也。商人先天眼光短淺，只知追逐眼前的利潤，而絲毫不考慮遠景，令人無奈。他原先在一家機械公司任職，做到品管組長的職位，不過覺得為人作嫁，前程畢竟有限，就在丙午大限、丙子流年離職，投入經營的行列。他問：「這個選擇正確嗎？」我說：「那當然；我對任何人的選擇都樂觀其成。」

命宮在辰，七殺坐守，古籍雖然記述了一些斷驗經驗，但多半只是臆測，無法成為一種定則。我聽過許多人說：「七殺既是凶星，命格從此肇凶，也是理所當然。」若是如此，吉凶福禍，早已決定，還要研究星曜結構和運程得失幹嘛；統整三方四正的主輔諸星，判別結構的強弱與優劣，才是論命的原則。

殺破狼沖激力大，生長曲線呈拋物線狀，無論成敗，表現在外，相當明朗，外人極易看出命運發展的軌跡。遷移宮見天府，又稱天府朝垣，輔弼不照，外出遇到的都是一些孤君，自私自利，吝於扶助他人。諸煞照入，氣勢增強，具備了毅力與冒險犯難的精神，愈是險峻，愈能顯露那種特質。

斗數的輔星共有十二顆，吉煞各半，志在顯示文與武、動與靜的作用，其中六吉傾向於文，六煞傾向於武，我們觀察照入的多寡，隱約發現這個人心性屬文或屬武；不過其中的煞星還會因爲生光化電的關係，形成了一些格局，醞釀特殊的能量，開發出來並導向特殊專長，往往迅速成就名利。稍作統計，郭先生擁有下列諸格：

(一)火貪、鈴貪。

(二)火羊、鈴羊、火陀、鈴陀。

一部分的格局古籍曾經記載，例如火貪與鈴貪爲武格，得以威鎮諸邦、出將入相；現代說法是往外發展，從事波動性行業，多能揚名異域。羊陀與火鈴交叉感應，形成異格，醞釀了強大的能量，但必須導向專業知識或特殊技藝，獨樹一幟，才能成就。

一些大師指出，煞星至剛，見煞多者一生災難頻傳，失職、破財兼官非不斷，讓人焦頭爛額。但依我觀察，煞星性剛是正確的，剛烈必然肇災則要看肇什麼災，若是意外譬如車禍、重症甚至破產、坐牢等等則不可能會準，因爲那些都是特性，共盤掌握不到也。老郭說：「根據古籍記載，我因爲七殺逢煞，刑剋極重，註定暴敗，這是劫數難逃，無話可說。」我問：「準嗎？」他面露愧疚之色：「結果好像不準。」術士見煞如見債主，簡直就是敬煞而遠之，其實煞星雖深具攻擊力，卻是生命的原動力，有了動量才能積極奮起，克敵致勝，獲得佳績。

「我的夫妻宮相當慘烈，煞忌全彰，每個大師見後都大驚失色，若不斷我二婚，就預言剋妻，害我三十歲之前不敢談戀愛。妻宮破敗，註定剋妻或一婚無法到底，這種斷驗是怎麼統計的？」

「其中並無統計的概念，而只是一種主觀的臆測。」我說：「夫妻宮的作用並不在於論斷婚姻的成敗，其成與敗牽涉諸多的外境因素，全非命理所能掌握。」

「閣下的說法好像比較確實；成親迄今五年，依舊十分恩愛，往後就不敢講了。」

他的說法若真，同命者必然都會二婚，這個世界就會大亂。有人曾經質疑道：「你沒有調查，怎麼知道？」這種事很難調查，因爲他們是誰、住在哪裏都不清楚，但是理論基礎結構可以考驗，過度脆弱，就不可能成立。婚姻的成敗牽涉另外的人（配偶），必須輸入他們的條件，若無條件，則無力判別成敗，這是一定之理。

「丙子年創業，是否爲好的開始？」

「就歲運的興衰而言，難稱適當。」我說：「此年廉貞化忌於戌，這個戌恰好就是大限的事業宮，對於長遠性的行業而言，這是一個壞的開始，註定要慘澹經營。」

■

一九九二年，郭君與兩個大學同學創設一家仲介公司，專門承攬建設公司推出的預售屋，當時房地產交易正熱絡，每個案子幾乎都是熱賣，著實賺了一些錢，從那時候起他才知道什麼叫做賺錢如賺水，水龍頭打開，就嘩啦嘩啦流出來，也著實見過許多包商一夜致富，擁資數億甚至數十億。但是風水輪流轉，隨著景氣的低迷，到了丙子年，實在支持不下去，只好關門大吉。他慨然而嘆：「我對土地極有心得，也確知短期內累積財富，唯不動產辦得到；經營房地產雖然是個高難度挑戰，我相信可以接受。」

他問：「先勝後衰，什麼因素造成的？」

我說：「全部都是外境，沒有一項跟命理有關。」

房地買賣屬於一般商業行爲，不能只看財宮的盈虛，而要密切考量事業的強弱，跟一般的販賣業並無兩樣。不過化祿只有一個，既進事業就不可能再進財宮（反之亦是），因此在吉凶的測度上就非仔細斟酌不可。

初學者多半問道：「房地產經營的成敗，該看哪宮或哪星？」台灣的斗數學者認爲那是田宅宮，該宮的原始作用即在此；不少人堅持那是某些主星，例如天府、太陽或太陰坐田宅宮，必然擁有不動產，不過若換成巨門、廉貞或貪狼，則只能賃屋居住，就算擁有，也會旋即破去。一個朋友問道：「爲什麼不是別的宮位？例如財宮。」其實經營房地產不但與財宮有關，也與事業、遷移有關，雖然在一般人的思考邏輯中，田宅宮才是住所變遷的關鍵宮位。

環境的際遇屬於後天心性的起伏，其成與敗從行運加以考察，多少可以發現一些蹤跡，然後加以趨避；繼續在先天結構中盤桓，只是白費力氣。三十六歲起大限到未，命無主星，空宮主弱，故內心空虛，極易受到誘惑而改弦易轍，這種現象常被算命先生判爲「必然換業」；蓋心存五日京兆，見異思遷，很難永續經營。西洋諺語說，「滾動的石子不長苔」。不過換不換業是可以作主的，由個人的環境而定，並非命定如此。

巨日或機月同梁穩定性都強，行運至此，只宜按部就班，故宜避開競爭力大的行

業，不然就會覺得心餘力絀，尤其具有業績壓力者深感緩不濟急，讓人焦頭爛額。情況是這樣的，老郭做的是合夥事業，幾個人同心協力，沒有誰是老闆（股東都是老闆），因此受創的程度減到最低，老郭自己感到一些小挫折而已。

房地產被產業界稱爲火車頭事業，具有指標的作用，故競爭力極強，投入之前宜先衡量自己的斤兩，否則會死得很難看。太陰化祿入事業宮，這是一步事業佳運，環境對事業的經營有助，在執行和開創上發揮，成就才算卓越；人際關係則因巨門化忌侵入而引發了一些障礙，在此用心就會覺得困難重重，事倍功半。

「事業大吉，人際關係大凶，這要算吉或算凶？」

「其實大可不必在乎那些吉凶，順其自然，才能輕安。」命理的吉凶都有固定的位置，極易辨識，據此趨吉避凶，就能無憾。我說：「了解自己的優點所在，並盡量避開障礙，如此而已。」

■

「好運易逝，四十六歲以後諸煞照命，又逢武曲忌，前途令人擔憂。」

乙巳 天機 忌 天鉞	丙午 紫微	丁未	戊申 大限命宮 破軍 地劫
甲辰 財宮 七殺	壬寅年十二月×日酉時 戊申大限的得失 火六局		己酉
癸卯 太陽 天梁 右弼 天魁			庚戌 廉貞 天府 陀羅 火星
壬寅 遷移宮 武曲 天相 地空	癸丑 天同 巨門 文昌 文曲	壬子 事業宮 貪狼 祿 擎羊 鈴星	辛亥 太陰 左輔

「其實沒什麼好擔心的。」我解釋說：「一來照煞並非壞事，而是讓一個人更積極進取，準備大顯一番身手；二來所見的武曲忌只是先天忌，行運中就棄置了。」

戊申大限在先天是事業位，坐命在此，沒有特殊的作用，當做一個普通宮位討論即可；不過此番換成殺破狼加煞，結構強勢，精神就會振奮，蓄勢待發也。由於運程壯闊，一旦走了好運，可望一發如雷；但是走了壞運，可能跌到谷底，永劫不復。

由於多數宮位與先天重疊，先天

有的大限也有，鈴貪武格和鈴羊異格此時分別出現。前者利於波動行業，揚名異域，外地得意；後者利於異軍突起，在非正統的行業中崢嶸頭角，瞬間成就。就算大限中的偶遇，仍可趁勢鵲起，從事一些別人不屑做或少數人才敢做的冷門行業，反而可以大勝。大限的行程雖然短暫，把握良機，前途仍然大有可爲，但切忌過分衝刺，以免逸出正軌，把人生秩序弄亂。

「煞星沖亂了結構的完整性，這種吉凶頗難處理，又該如何判別？」並不困難；貪狼祿入事業宮，往後奮鬥的重點在於事業，積極營運，成就可期；天忌忌入子女宮，親子關係常見低潮，需要一份耐心和無盡的愛心，才擺得平。

化祿連續進入事業宮，當然是不得了的好運，許多人偶爾遇之，精神爲之一振，立刻擦拳摩掌，積極營運，收穫必然可觀。「丁未大限的好運是有目共睹的，戊申大限是否需要另外創業？」依理還要接觸新的行業，從頭開始。經驗指出，事業見祿牽引，與事業有關的經營、執行和開創都將受到庇蔭，這種情形無論任職或者自創，都有很好的發展機會；連續的好運庇蔭，成就卓越，並不意外。

「如果執意求財而不理會其他現象的消長，我可能破產跑路，為了躲債，從此浪跡天涯嗎？」這種事的結局豈是命理所能預測，問也是白問；命理對這類外境的得失只能靜觀其變，而完全不置一喙。「某大師說，殺破狼主破，尤其空劫加天馬，馬落空亡，亡命天涯，徒勞無功也，他這又憑什麼如此堅定？」

「所謂解鈴還須繫鈴人，最好當面質問他。」可以想像的是，一定問不出一個所以然。命理只能探討意志範圍內之事，也就是憑自由意志可以決定的事——決定做什麼或不做什麼，包括弄壞了，從頭再來，都是允許的。命理考量的是他的選擇是否適性，此去凸顯事業，當然需要指向事業，才算適性；往財利的方向發展，只是發揮了次要功能，成就降低，並不意外。

「三方煞忌全彰，我可能全身而退嗎？」

「當無問題。」

如果只是顧忌財物狀況，由於財宮並未遭受忌星的摧殘，財物支配應該無咎，不虞發生財務困難，導致失財、損財或手頭拮据、寅吃卯糧等窘狀，這點大可放心。

浮華世界

古籍記載，「武貪不發少年人」（武貪坐命者，中年以後發達）這種經驗如何獲得，賦文沒有交代，不得而知。依我觀察，多少跟殺破狼有關，蓋武貪坐命，必爲殺破狼兼紫府廉武相，其中武曲隸屬紫府廉武相星群，貪狼隸屬殺破狼星群，煞星照入，頓成殺破狼加煞，亟待後天的歷練，所以晚發的原因在貪狼而不在武曲。

「殺破狼加吉與加煞，最大的不同在哪？」

「殺破狼加吉尤其有吉無煞，因爲缺乏那股激力，多半耽於安逸，嚮往穩定而舒適的生活，叫他奔波，到陌生的地方開拓市場，不如把他的筋抽了。」我說：「加煞後情況有些改變，富於沖激，動力極大，歷盡滄桑後才能穩定。」

在主星結構中，武曲與貪狼可能重疊，也可能會照，無論何者，關係相當平常，因此與其說是武貪不發少年人，不如說是殺破狼不發少年人；精確一點說，這是殺破狼加

天機 地空 地劫 遷移宮 己巳	紫微 庚午	火星 左輔 右弼 天鉞 財宮 辛未	破軍 壬申
七殺 文昌 戊辰	男命 甲午年四月×日午時 火六局		鈴星 癸酉
太陽忌 天梁 擎羊 事業宮 丁卯			廉貞祿 天府 文曲 甲戌
武曲 天相 丙寅	天同 巨門 陀羅 天魁 丁丑	貪狼 丙子	太陰 命宮 乙亥

煞的特殊效果，古籍的說法稍嫌糢糊，極易被人誤解。

早發、晚發這種名詞歷來以來都有歧義，從前的社會變動腳步緩慢，凡事只能按部就班，就算有了早晚之別，也比較沒人計較。一般而言，殺破狼動量大，喜歡從事波動力大的行業，一切唯靠自己，因此奮鬥的時間拉長，直到三十五以後逐漸減緩下來，所以四十以後發跡者比比皆是；有些人甚至遲至五十幾才終於開花結果，體力和毅力逐漸消失，縱然有所得，付出的代價也未免太高了。

奮鬥過程中，夙夜匪懈，吃盡苦頭，多數人會如此問道：「我這樣拚，可能白白了憨工嗎？」這種結果很難估算，連精算專家都要束手，而只能自己去體驗。如果覺得無奈，那麼不妨聽聽老前輩的訓誡：「未曾一番寒澈骨，焉得梅花撲鼻香，少年也，吃苦當做吃補啦。」千百年來，宿命論者強調，先天命格如何，後天的人生就會如何，人只能臣服在神的足下，難以自我超越。

一九八六年秋，我在某個場合跟林先生碰面，當他知道我是誰時，就「刷」的一聲，從上衣口袋中掏出一張電腦命盤。他的第一句話是：「太陰坐命會怎樣？」我接過命盤，尚未仔細查看，他就迫不及待丟來另一個問題：「你看我何時可以發財？」我質疑說：「幹嘛那麼關心發財？」他愣了一下，大概覺得我的話太有學問，一時會意不過來；一分鐘後驚魂甫定，才幽幽說道：「這個世界誰不想發達？」也許不少，但是像他老兄一天到晚掛在嘴邊，倒是未曾遭遇。

命宮在亥，太陰坐守，古籍認此爲太陰是女星，性質柔和，思想細膩；太陰在亥爲廟，「夜朗天門」也，命有貴徵，福澤深厚，發達毫無疑問。此時太陽在卯，則是「日照雷門」也，仍然主貴，雙貴入命，其貴更顯。不過問題好像沒那麼單純，蓋那些貴格只是主星排列的必然性，非如此不可，所以沒有無想像中那些效果——只據命宮的主星就斷言命運的成敗，率爾操觚，豈能客觀！此命條件的高低，絕非命宮的主星所能決定，我們還要考量三方四正的主輔諸星，一起斟酌，才能發現其中的優劣：

●事業宮在卯，太陽、天梁與擎羊坐守。

●遷移宮在巳，天機與空劫坐守。

●財宮在未，內無主星，火星、輔弼、天鉞坐守。

機月同梁本質柔細，耐力較強，在安定中求進步；事業宮見太陽，因此兼了一點巨日的影子，略帶動性，有守有攻，可文可武。但因主星渙散，輔星可能喧賓奪主，反而發號司令起來。這一干煞星照入後，慾望增強了，有點難安現狀，變得急功近利，人生的變數自然而然也就無窮了。

事業宮的擎羊加上財宮的火星，形成火羊異格，這是一個特別格局，醞釀了無限的能量，從非民間百工的方向發展，遇祿牽引，必能迅速成就名利。

「註定發達嗎？」

「不一定；比較容易而已。」

「成格後實力堅強，從此能夠承受大量的財物嗎？」

「格局成於財宮，從此凝聚一股潛能，遇祿沖發，便能致富；格局成於其他三宮，則屬於間接，力量就會有所不足。不過空宮的事實繼續存在，並不因爲成格而改變，兩者分別存在。」

我們回到前面的問題，林桑曾問：「何時可以發財？」

「答案很簡單，當閣下走到財運時。」

丁卯大限和戊辰大限化祿均入財宮，顯示四十六歲起的二十年內，走的正是如假包換的財運，積極求財，當有可觀的財富進帳。如果誤信別人的說法而放棄，坐在家裏乾等，那麼只是坐以待斃，屆時仍然苦哈哈。

■

先天結構顯示這個人的基本心性，心理學叫做人格特質，一般稱它喜怒哀樂，佛家說是七情六慾，講的都是同一件事。心理學家指出，此生的悲歡離合、功過罪福概由性格決定，因此觀察他的人格特質，就能掌握一二。

「心理學家了解一個人的性格取向，清楚人性的優點和弱點，那天失業改行算命，保證不會餓肚子。」林桑悄悄對我說：「我這種人天生重享受，對錢財的欲念特別強烈，如果執意求財，多半大好大壞，立於兩個極端上。」

當然有此可能；我說：「結論也許就是財來財去，起伏難定。」

「根據那種條件如此判定？」

「財宮無主星，承受財物的力量有限，獲財的困難度很高。」

事實上林桑從一段時間以來就從事房地產仲介，買空賣空，獲取利潤，台灣話叫「牽猴仔」，傳統的社會地位似乎不高。該行業普受經濟景氣的影響，起伏很大，有時一個案子推出，不到半個月就被搶光，兩三百萬元頃刻間入袋；有時乏人問津，銷售率三成不到，那就非賠得吐血不可。

對生意人而言，無論環境好壞，都要像一顆過河卒子，勇猛地往前衝去，蓋已無退路了，三十六歲的丙寅大限正是人生光輝燦爛的時段，理應鷹揚豹變，一發如雷；詎料財宮遭忌侵入，進財困難，破財卻易，自然讓人灰心到了極點。他的問題十分繁複，蓋牽涉命理最基本的問題：「一個運程的消長概況被推知了，根據什麼架構？該架構的推論客觀嗎？」他們那個行業使用現代的工程技術，每個人都接受現代科學思潮的薰陶，只信學理而不信玄術，若說不出一番道理，保證拂袖而去。不過性格難免有點脆弱，在非專業的領域中，仍然只能順從別人的說法。

凡是涉及議論，立刻會有一些異見，眾說紛紜，莫衷一是。例如許多人都說：「祿命式流傳千年，必有它流傳的理由，學命者若能深入其間，必能發現一些吉光片羽；完全抹煞，並不足取。」這種說法普遍存在，顯示現代人依舊只知沿襲而不懂自我思辨，結果人云亦云甚至以訛傳訛。

■

台灣人口逐年眾加，競爭壓力愈來愈大，現代人普遍性格急躁，面對五光十色的外境，絕少不被弄得眼花撩亂的；不過只要能夠定心一處，十年辛勤，就能獲得成就。台灣俗諺說得好，「戲棚腳站久人的」（堅持到底，必有所得），堅持就是一種等待，不是每個人都甘願，何況等待還不一定有效。

四十六歲以後進入哀樂中年，無論體力或者毅力都有顯著衰退的現象，倒是處世的經驗、人生的閱歷增長不少，此去走運，發起來就會綿綿無絕期。「發過不再發」是個自然律，只要不曾發過，中年以後就有驟發的可能；丁卯、戊辰兩步大限氣勢不凡，二十年財運下來，積極營運，錢財的累積必然可觀。

丁卯大限太陽、天梁坐命，這是先天事業宮，行運至此，並無特殊的意義；有些大師堅持他們將致力於事業開創，可能接觸不同領域的行業；確實有人作此一想，但不能咬定非如此不可，否則就會變成定命論。不過這個階段稍嫌弱勢，蓋有兩宮排不到一顆主星，內外環境皆是弱勢，想要出類拔萃，難度必高。

㈠事業宮在未，內無主星。

㈡遷移宮在酉，內無主星。

空宮勢弱，無力扭轉乾坤，也無力承受重擊，此時的力氣是衰微的，多半禁不起風

天機 地空 地劫 己巳	紫微 庚午	火星 左輔 右弼 天鉞 辛未	破軍 壬申
七殺 文昌 戊辰	丁卯大限的消長 火六局	甲午年四月×日午時	鈴星 癸酉
太陽 天梁 擎羊 丁卯 大限命宮			廉貞 天府 文曲 甲戌
武曲 天相 丙寅	天同 巨門 陀羅 天魁 忌 丁丑 妻宮	貪狼 丙子	太陰 祿 乙亥 財宮

吹雨打。由於擠入一堆輔星，包括火鈴、輔弼和天鉞，三吉二煞，故雜念不少，不過討論宮位的旺弱通常只用主星，而暫不及於輔星；主星是巨日兼機月同梁，兩皆殘缺，顯示這種路況極不穩固，一遇風吹雨打，就會搖晃甚至頹圯。

照入輔星（三吉三煞）後，慾望增高了，衝擊也增強了，競爭力水漲船高，就會躍躍欲試；他確實存有此心，不過信心似乎不足。他問：「萬一失策，從此江河日下，會不會死得很難看？」我說：「我非王禪老祖的門徒，無力預知一個外境的結果？」成敗必然牽涉諸多的外境，沒有人能夠僅憑內在就驟下一個結論。在命盤上，強弱只佔一半，我們還要考慮吉凶的分布。吉凶概由祿忌決定，觀察它們的落宮，即可獲知底細。

太陰化祿於財宮，巨門化忌於妻宮，財在三方之內，無論吉凶，都是充分感應，無所逃遁；妻宮不在三方之內，則是間接感應，感覺不那麼深刻。所以這是一步吉運，尤其利財；不過婚姻的成敗可能影響一個人的人格發展，不宜小覷。

化祿有自信和穩定的作用，化祿入財，此去重心在財，成功率也高，在錢財上發揮，往往有著意外的收穫。「己卯年清明過後不久，我收到一個朋友的舊欠，有一天郵差送來一封掛號信，內附即期支票一張，面額兩百萬元，著實讓我高興了半天。」

他問：「這種事無論先難後易或者先破後立，究實地說，跟命理有點瓜葛嗎？」我答：「貨款本來就該你得，遲早而已，故與財宮的旺弱無關；無所謂得失，不但與大限的吉凶無涉，也與流年的消長無涉。」

「我獲財是千眞萬確的事，有支票爲證，難道不是一個事實嗎？」

「你認爲同命者都收到支票嗎？」

「那就不一定了。」

「既然如此，我們就不能說它與命理有關。」

「可是我在跟你討論流年，難道是假的？」

「雖然不假，但是得到貨款只是個人的偶遇，此事畢竟不是通例，無法建立一套模式；一言以蔽之，那只是一個發生在少數人身上的獨立事件，從許多人共用的命盤推論不到，這是命理的極致，與功力高低無關。」

既然不曾相應，好像兩條平行線，什麼事都不發生；命理只是隱約描述一個人的內在心境，無力涉及諸多外境的成敗，因此我們還要考慮是否呼應，若無呼應的手續，運程無論好壞，都是空過，船過水無痕也。

過去常遇有人抬槓：「我走了旺財運，坐在家裏等，也會發財嗎？」我說：「坐在家裏等，只會等到債主的敲門聲。」自古以來，只有宿命論者才會相信玉皇大帝眞的會派遣天兵天將運來八卡車的金銀財寶，從此擁有巨資，享用不盡。所以正確的觀念是

天機 忌 地空 地劫 己巳	紫微 庚午	火星 左輔 右弼 天鉞 辛未	破軍 壬申
七殺 文昌 戊辰 大限命宮	戊辰大限的消長 甲午年四月×日午時 火六局		鈴星 癸酉
太陽 天梁 擎羊 丁卯			廉貞 天府 文曲 甲戌
武曲 天相 丙寅	天同 巨門 陀羅 天魁 丁丑	貪狼 祿 丙子	太陰 乙亥

「先盡人事，再聽天命」，做人的義務完成，也就是努力經商，籌備完成，蓄勢待發，然後才能再談其他；前後順序弄反了，也就是缺乏人事的努力，光有天命還是虛假的。

三方見忌畢竟有礙，但是妻宮不在三方之內，原本無關吉凶，不過現代社會重視婚姻價值，此時一方若有婚姻不適的問題，譬如外遇、酗酒、賭博以及足以損害婚姻和諧的情事，終究要鬧一場家庭革命，這種阻力就非同小可了。一般而言，吉凶交替的運程最難有效掌握，因爲有吉有凶，

既吉又凶，如果只是期待吉祥而厭惡橫逆，那麼就會覺得這個世界待他不公。一般習慣於思考一個簡單的問題，獲致一個簡單的答案，因此會問：「我可以順利獲財而不被人倒帳嗎?」也許可以這樣回答：「固然不能過度樂觀，也不能太悲觀也。」但絕非傳統主張的「吉凶參半」，蓋太含混了，弄了半天仍舊一片茫然。

一個人能夠遇上十年好運，藉此發揮實學與膽識，完成宿願，人生不再有憾；如果連續二十年好運降臨，楨上開花，名利達到巔峰，獨得上帝之厚，更是令人稱羨。「化祿湊巧進事業或進財宮的比率並不高，間接照耀是否也算?」那當然；化祿致吉在命、在福德甚至在夫妻這些宮位都會帶來一些吉意，庇蔭一些事項，不致徒勞無功也。在社會的群體意識中，名利才是奮鬥的重心，因此祿入事財二宮比較名正言順，其他宮位(偶數宮位)就不那麼理直氣壯了。

戊辰大限七殺戌守，典型的殺破狼星群；天府照入，需要輔弼，但是輔弼遁形，運程雖佳，仍要孤軍奮鬥。整個結構不見一煞，卻有兩顆吉星，穩定性強，守己守分，仍宜逐步發展而無法躐等，尤其以爲能夠一飛沖天，結果反而跌得鼻青臉腫。

「命中無煞，也能發嗎？」

「那當然；只不過小發一點而無法發得金光強強滾。」

貪狼化祿於子，財宮也，內心振奮，感覺可以發財，而環境對求財也有一些助力，往這個方向發展，成功率高；天機化忌於巳，父母宮也，此宮象徵的人事畢竟不可算，其吉與凶我們就不太關心了。

「四十歲之前成功若是一種規則，那麼四十六歲豈非晚發？」

現代社會崇尚浮華，凡事躁進，希望迅速獲致成績，而比較不考慮後果。假設三十五歲以前飛黃騰達，擁有一些名利，這是一個常態，四十六歲以後才終於嚐到甜頭則有點遲暮，五十六歲發達則要驚天地而泣鬼神。晚年發達的例子並非沒有，此時心境如何，有無這種心理準備，都將影響人生觀和成就的高低，因爲在此之前屢遭險阻，艱辛備嚐，可能早已英雄志短了，還奢談什麼締創豐功偉業。

「放棄求財而改去上班聽差，錯過了發財的機會，豈非冤枉。」

「人生似乎就是如此，有人辭官歸故里，有人漏夜趕科場。」

有些朋友在優運中忽然棄守，卻在劣運中重拾舊歡，一去一來，成就就會千差萬別，他們想要發達，需要上帝特別的眷顧。若不排出命盤，就不可能了解運程起伏的狀況，凡事只能暗中摸索，好像暗夜開車上路，也沒有任何的標示，全憑感覺在走，過程無論順逆，都讓人替他捏冷汗。

來世發財

許多人先天結構柔弱，乍看之下就覺得不宜追逐富庶，而是上班任職，安貧樂道，一生無憾；事實上他們也決定平淡度日，但不知怎麼一回事，壯年卻走了財運，感覺可以發財，於是在某種因緣下縱身投入經商的行列，每天爲財奔波，十數年後，果然賺了大筆財富，日子過得相當富裕。

前後兩者的命運結局差別很大，命理很難自圓其說。一些朋友指出：「這種現象超越了一個人的能力，命運拘束不了他，說他改變了既定命運的軌跡，也未嘗不可。」實際上他們犯了一個邏輯上的謬誤——「循環論證」，意思是說，拿一個有待證明的命題來證明另一個命題，當然不可能證明什麼。

所謂既定的軌跡，指的就是命理所規範的一條固定的路線，透過命理的推算，循序漸進，抽絲剝繭，終於可以窺破命運的奧祕。如果不排命盤，固然不知方向在哪，改變

云云，不過是無意義的想像，一個人坐在那裏胡思亂想而已；就算排了，不懂如何推算，則改變了什麼，誰又知道。

顏先生就是這個壬寅年命，太陽與二千輔星在子立命，財宮在申，空曠無比，「這種現象顯示他對財物沒有慾望嗎？或缺乏理財的手段？」空主承擔力弱，不能承受太多的資產；進財的難度相對提高，成本增加，利潤減少，比別人多一番波折。命理認爲他最好別做生意，才能無咎；不過有些人天生物慾重，看到別人發財也要如法炮製，因此用盡各種投資管道，買賣股票、炒作匯率，甚至參與丙種交易，失敗率高得可怕，過程令人心驚膽顫。

有些高手經常表演蓋世絕技，顧客進門，不發一言，口袋裝了多少錢、上午去過哪些地方、目前正爲何事煩惱，一概洩盡；準此而言，明天哪些個股的漲跌、幅度多少，靈光一閃，數字立刻出現眼前，比電腦螢幕顯現的還清楚。這種事聽來有點詭異，專家也在詢問：「可能嗎？」當然只是傳言，否則他們涉足股市，早已擁資幾百億甚至幾千億了。既是猜測，也許偶中，卻無法建立一個模式，進而成爲一個普遍定律，故無認知

天相 天鉞 乙巳	天梁 祿 遷移宮 丙午	廉貞 七殺 丁未	財宮 戊申
巨門 事業宮 甲辰	男命 壬寅年九月×日戌時 木三局		地劫 己酉
紫微 貪狼 天魁 癸卯			天同 陀羅 庚戌
天機 太陰 右弼 文曲 壬寅	天府 鈴星 地空 癸丑	太陽 擎羊 左輔 文昌 命宮 壬子	武曲 忌 破軍 火星 辛亥

的意義。根據觀察，除了現實環境的誘惑之外，老顏行到癸卯大限時，破軍化祿牽引財宮，讓他在財物上動起心念，那才是一個關鍵。

經驗指出，財宮一弱至此，此生與財緣分不厚，不宜因而存非分之想；別忘了行運只是一種階段性的偶遇，等好運一過，不僅恢復原狀，還可能繼續往下墜，終至一蹶不振。

在先天結構上，巨日比機月同梁多一些沖激，積極心強，慾望增高，對於名利不再只是順其自然。祿在遷移宮，這是一個重點，外緣不錯，將

驅使他往外發展，其實在這上面用心成功的機率也高。古籍指此爲「發財於遠郡」，顧名思義，從事推銷、業務開拓以及國際貿易都算發揮了命中的優勢，事半功倍，並不意外。若把「發財」改爲「發跡」，涵攝的範圍更廣，凡是外地得意、遠方得財之事都算，而遠方也不妨定義爲波動行業。

「如果執意做門市，結果如何？」

「那麼優點未曾呼應，就不可能獲福，好運匆匆流逝，宛如船過水無痕。」

■

目前大限到卯，紫貪坐守，殺破狼兼紫府廉武相，諸宮主星坐旺，環境壯闊，相對於先天的弱勢，這是「弱命走強運」，此去精神抖擻，寄望藉此推波助瀾，成就一番志業。一個知命理的朋友說：「遷移無星（地劫只是輔星），弱勢一至於此，出外仍然有阻，武市生意難言順暢。」此說並不適當；行運只是偶遇，十年之後，必然會再改變。

就算兩種星群重疊，有些宮位無法避免空虛，遷移一空，頓時變成頭重腳輕，生命中必有無法承受的重，並非諸事都能呼風喚雨，若存此想，就會覺得心餘力絀。星曜之間形成了火貪武格，根據古賦，這種人得以威鎮諸邦，在波動行業中託身，從事推銷、批發或國際貿易，迭有佳績。

因爲缺乏輔佐之臣的襄助，行運偶遇的這個紫微帝星充其量只是孤君，自私自利，欠缺拔擢他人的胸襟，閣下想要獲得貴人的提攜成就一番志業，等下輩子吧。這種運程只能單打獨鬥，而無力吆喝一群人來共襄盛舉，勢單力薄，安分一點算了。

破軍化祿於亥，財宮也，這是一步如假包換的財運，經商求財，呼應了優點，可望迅速累積財富。不過財宮見祿和命宮見忌都在三方四正中，吉凶概與他老兄有關，這顯然是一步動運，得讓他心湖蕩漾，十分忙亂。運程的功過相當明顯，不妨積極求財，但是內心沖激大，偶然的挫折就足以讓他痛不欲生，難以自制。

老顏有點疑惑，他說：「武曲本來化忌，行運至此，理該失財、破財，爲什麼反而得財？」其實那是不了解「命運分離」的一種謬見。先天的祿忌志在說明先天的吉凶，行運後必須刪除，此後改用宮干化出的祿忌，方免重複；故破軍化祿是眞的，武曲化祿是假的，永遠只有一種祿忌。

當祿忌從外照入時，兩者的作用分別呈現，不分彼此。由於傳統斗數缺乏一個推論吉凶的標準，許多人遇此，不知該怎麼解釋，最多使用「吉凶參半」一筆帶過。一些術士動輒指出：「命宮坐忌是很背的，至於背到什麼程度，那就因人而異了，楣星高照，常遇小人，嚴重損害名譽，難以改善。」此說不能盡信。我們的看法是這樣的：「命宮才是論命的樞紐，由此感受喜怒哀樂，此宮受忌干擾，理念就會扭曲，把凶的看成吉的，善的看成惡的，判斷力偏離了正常的水準。」

「如何避開險阻，讓傷害減到最低？」

當然是避免進行重大的變革，譬如改行、創業或從事大型投資（幾千萬甚至上億的大企業），沖激愈大，失敗率愈高，這是一宣之理。此外不固執己見，多觀察而少判斷，就能避免遭到不測。

一般認爲，只要未來保證致富，現在就算艱辛度日，飽受命運欺凌，也就認了；這也是年輕小伙子普遍的心聲。問題是誰來保證？玉皇大帝、總統或中央銀行總裁？老顏回憶說：「我小時物質匱乏，日子過得十分清苦，要吃沒錢，要玩沒地方，當年就曾偷

天相 天鉞 乙巳	天梁 丙午	廉貞祿 七殺 丁未	事業宮 戊申
巨門 甲辰 大限命宮	壬寅年九月×日戌時 甲辰大限的消長 木三局		地劫 己酉
紫微 貪狼 天魁 癸卯			天同 陀羅 庚戌 遷移宮
天機 太陰 右弼 文曲 壬寅	天府 鈴星 地空 癸丑	太陽忌 擎羊 左輔 文昌 壬子 財宮	武曲 破軍 火星 辛亥

偷發誓，哪一天等我發財了，我要天天吃大餐，喝名牌XO，好好享受一番。」

「發財了嗎？」

「還沒有，頗爲遺憾。」

這種想法往往高估了物質的價值而低估了人生的意義，屬於一種補償作用，我們也不便表示什麼。

■

此時巨門在辰坐命，大限結構改變了，財宮同樣受到祿忌的牽引，但是結果大不相同，前運益財，此運損財，差別甚大，如果缺乏一些危機意

識，前功可能盡棄。老顏問道：「有人預言，巨門十年我將被人倒帳，有打不完的官司；問他爲什麼，他說天機不可洩漏，你認爲呢？」只做結論而不推論，你永遠不知他們怎麼推知的；巨門只是十四主星之一，雖然蘊含了一些性質，但該性質是中性的，不帶任何的吉凶與福禍。

巨日柔中帶剛，喜歡自我表現，這是本性，沒什麼特殊之處。羊陀照入，性格活絡起來，就會積極參與外務，從中創造名利。羊陀剛烈，勇往直前，不達目的誓不罷休；缺點是能攻不能守，萬一衝得太快，從此掉落萬丈深淵，永劫不復。

大限田宅宮又稱爲財庫，藏財之所也，觀其祿忌，可以隱約發覺財庫的盈虛。老顏自己的看法是：「財庫旺極，可以囤積財物，沒有斷炊之虞；能否致富，則有疑問。」斗數設有財庫純應現代社會的需要，蓋工商時代聚財容易，生意人日進斗金，錢賺到手後放在哪裏？因此亟需一個倉庫予以容納。不過這個財庫究指先天抑或後天，迄今尚有爭議；許多大師認爲那是先天，也有人堅持後天，我們證實那是後天的大限而非流年。財宮遇忌干擾，屬於直接的作用；財庫逢祿增吉，則是間接的作用，前者受創較烈，有庫無財，發財仍要望斷天涯路。

持相反意見者仍大有人在，他們從世俗的觀點看待命理：「財宮見忌，無財可進，財庫再旺，派不上用場，致富云云，仍然是個虛幻？」其實財宮見忌縱然有敗，仍不表示無財或註定破財，否則就是一個死訣。

此時倒是有點遲暮；我對於五十幾歲的人比較沒有戒心，因爲人生至此，多半已經到了盡頭，有什麼天大的本事，該發揮的都已發揮殆盡。相反的三十出頭，前程無限，你要是得罪他，後會有期，哪天重逢，說不定是幾家大公司的老闆。大概沒有人會在晚年繼續發展事業，跟年輕人一樣夙夜匪懈，南征北討。老顏他們若想玩股票，那麼就別學菜籃族光聽馬路消息，不妨玩眞的，研究本益比、線狀起伏，全身投入，讓技術彌補財運的不足，不出三年，就會成爲一個專家。

運程無論順逆，年輕就是本錢，他們身強體壯，鬥志旺盛，多能忍受折磨，就算屢遭險阻甚至垮台，也會振衣千仞崗，捲土重來，台灣俗話說的「打斷手骨顚倒勇」，環境想擊敗他，還不容易呢！這種人韌度很高，數到十之前，一個鷂子翻身，把嘴角的鮮

天相 天鉞 大限命宮 乙巳	天梁 祿 丙午	廉貞 七殺 丁未	戊申
巨門 甲辰	壬寅年九月×日戌時 乙巳大限的消長 木三局		地劫 事業宮 己酉
紫微 貪狼 天魁 癸卯			天同 陀羅 庚戌
天機 祿 太陰 忌 右弼 文曲 壬寅	天府 鈴星 地空 財宮 癸丑	太陽 擎羊 左輔 文昌 壬子	武曲 破軍 火星 遷移宮 辛亥

向擦乾，重整旗鼓，三個月後又是一尾活龍。

■

中年約指四十五歲以後的歲月，大約走到第五宮，順行是事業宮，逆行則是財宮，此時經驗豐富、體力充沛，等於處在人生的巔峰狀態，此刻不跳，就會死不瞑目。這當然是個理想，也合乎許多人的願望；尤其現代社會重視生涯規劃，有些人五十歲不到就退休，準備過自己的生活，那麼更需要斟酌一下往後的運程得失。

根據統計，五十歲之前庸碌，以

後成功的機率很低。老顏笑道：「這個世界大器晚成者不在少數，請他們吃一客牛排，保證讓你破產，如此一竿子打翻一船人，豈能客觀。」也許眞的有些「大隻雞慢啼」的人，不過都算特性。五十年的歲月已匆匆過了半個世紀，人生的閱歷、經驗的累積頗豐，此後執行業務，駕輕就熟，履險如夷；這種人經驗老到，如果寫出回憶錄，可讀性高，也許成爲暢銷書。

五十三歲起大限轉入巳宮，這回換成天相坐命，紫府廉武相穩重可靠，不再橫衝直撞了。不過他問：「事業宮（酉）無星，成爲一個致命傷，你看我會在此處摔一跤嗎？」空宮既非吉也非凶，不虞發生災難；那是無力開創，就算勉強承擔一些重責，也是屢有怨言，每天看他在那裏哀聲嘆氣，不知如何是好。

在吉凶的分布上，此去有些改變，天機祿、太陰忌都在寅，子女宮也；吉凶好壞概與我無關，當能高枕無憂。從另外的角度說，欠缺祿忌的牽引，動能不足，凡事只能靜觀，一動不如一靜也。靜運其實也是一種狀態，沒有什麼特別的福禍讓人牽腸掛肚，凡事按部就班，保證無休無咎。

「我還會接觸其他的行業嗎？」他關心地問：「命理顯示了我會怎麼動？」

當然沒有，否則就會變成一個定命論。行業可以選擇，這句話的意思是說命理絕不規定你只能做那行而不能做這行，有些人在中年以前欠了一點債務，急想獲財還債，那麼抱歉之至，此去保證做得氣身魯命，覺得世界的人都在詛咒他。

許多觀念從一千年前延續過來，早已深植民心，就算窮九牛二虎之力都撼它不動。說他不關心是假的，偶爾也會翻開命盤，搜尋一番，遇到不解的就打電話找人釋疑。「你看情況嚴重嗎？譬如破產、倒閉，而要跑路躲債。」

「不很清楚……。」

「爲什麼？」

上述諸事牽涉諸多的外境條件，不能只看命理結構，否則必有偏頗。曾經說過，命理只能隱約探測內心世界的變化蹤影，事業和財物的消長均與外境有關，只據內在條件就斷言了一個外境的成敗，那是神仙論，非凡人所能及也。

遺產致富

「財福二宮全無一星，這種人可能致富嗎？」

「十四主星依序進入十二宮，照理說每個宮位都會排到一星，其實不然，有些宮位因爲二星並立，主星過度集中，那麼其他宮位就只好空著；所幸一宮無星，對宮必然有星。如果當初設計兩皆無星，那就很麻煩了。」

斗數界有個流傳許久的習慣，某宮空虛，就借用對宮的星曜代看；準此而言，空宮是不存在的，在推論上不虞發生困難。不過現代命理認爲空既然是存在的，就沒有借星的必要，而是讓它維持空的狀態。

空主弱，許多人都在問：「什麼作用？」承擔力不足也；這是一種新的理念，古籍不載，現代人也絕少提過。財與福德只能一宮無星，此時就算輔星成群，仍不改弱的存在，但弱不等於無，什麼也沒有或什麼都得不到。一個朋友說：「弱畢竟是個缺失，不

肇禍就已皇恩浩蕩了，還指望財神爺蒞臨嗎？」弱更不爲災，從災難的角度看弱，就會弄錯狀況。弱是你無力承受大量的物質，享受的財福數量也不多；進一步說，進財的困難度高（容易度低），想要驟發，最後發現只是一場呂伯大夢。福德無主星則無力開闢財路，進財的管道狹隘，一生只能固守少數幾項，財源難以廣招。

這個癸巳女命姑且稱爲劉小姐。她原在一家私人機構上班，婚後放棄工作而專心相夫教子。六年多前，丈夫在一場連環車禍中不幸去世，留下一子一女，也留給她一些遺產，包括兩家上市公司的股東、幾筆房地和一些珠寶，足夠她下半輩子生活無慮。根據命盤顯示，這種人格局不大，安逸有餘，開創不足，想要致富，頗有困難。

㈠財宮在未，內無主星，承受力不足，也就是無力承擔大量的財物，欠缺一股追求財勢的雄心壯志，想要發財，當有困難。

㈡破軍化祿於子女宮，重心在於養育子女，希望他們成龍成鳳；宿願一旦得償，就心滿意足了，對於名利的追求倒是不怎麼迫切，一如傳統女性那樣。

財宮的弱勢是有目共睹的，刻意求財，阻力很大，終生無力克服。但是福德不空，

天機 左輔 天鉞 遷移宮 丁巳	紫微 文昌 戊午	鈴星 地空 財宮 己未	破軍 祿 文曲 庚申
七殺 丙辰	女命 癸巳年二月×日辰時 水二局		右弼 辛酉
太陽 天梁 地劫 天魁 事業宮 乙卯			廉貞 天府 壬戌
武曲 天相 火星 甲寅	天同 巨門 擎羊 乙丑	貪狼 忌 甲子	太陰 陀羅 命宮 癸亥

她就有能力開拓財路，從各種領域中獲取資源，若問：「天同、巨門的財源包括哪些？」多數人會答天同福厚，財來自上天（前世），誰都不能剝奪；巨門靠嘴巴吃飯，從事教學、律師和推銷員之類，適才適用。不過她發現另外的問題：「一堅固、一脆弱，兩者的差異性大，如何選擇，才能無礙？」

當今之世持此論者必不在少數，他們也都有一堆的理由和斷驗記錄，不由你不信。不過你若問我：「有道理乎？」我會說：「好像沒有道理。」

因爲那只是生吞了古賦，人云亦云而已；古賦的說法空洞，在星曜中定義吉凶，沒有認知的意義。劉小姐的狀況屬於特例，發生在少數人的身上而不發生在所有同命者的身上，命理依例不討論特例，否則保證愈討論愈糊塗。

命局平和者定性強，安於現狀，想要安逸度日，上班任職，無憂無慮；就因爲照到幾顆輔星，吉星包括輔弼、魁鉞，煞星包括擎羊、地劫，因此慾念增強了，大概不會坐享其成，而是積極投入工作，也許繼承丈夫的舊業，也許另外創業。

劉小姐問：「財產來自丈夫，夫宮的結構一定不錯，既然如此，他何以早夭？」這種問題不易回答，我的能力完全辦不到。夫宮在酉，內無主星，這種結構顯示什麼徵兆？答得出來的恐怕沒有。劉小姐的遭遇不是一個普例，所以跟夫宮的優劣無涉。

■

有些術士藝高人膽大，驚鴻一瞥間，斷準了顧客財富的多寡、不動產數量以及事業營運的狀況，有如黃忠射箭，百步穿楊。「既然事出有因，那又是什麼因？」百發百中當然誇大，既是猜測，就會有中有不中。他們不知推論爲何物，哇啦哇啦說了一堆，無非江湖話語。顧客會問：「我要是走了好運，可能發財嗎？發多少？」那就不一定了；有人可能被我的話嚇到，急忙問道：「憑什麼這樣說？」因爲還要看走的是哪種好運。斗數採取定宮論命，化祿進入三方四正尤其事財二宮，感受祿吉，才叫好運。

斗數以命宮爲樞紐，由此發號司令，並承受各種罪福。當祿忌分別照命時，吉凶直接沖激，感受特別清晰；祿忌在福德或夫妻宮叫做間接沖激，有某種程度的緩勢，不過仍算一步稍吉之運。劉小姐問道：「我既不執業也不求財，一個單純的家庭主婦，也會感受吉凶作用嗎？」若不呼應，則萬籟俱寂，一切都是靜悄悄的。

命宮在亥，太陰坐守，傳統指出太陰在亥坐旺，「夜朗天門」，清貴之格；太陽在卯也是坐旺，「日照雷門」，仍是貴格。雙貴照臨，錦上添花也。不過正統斗數沒有那種說法；因爲月在亥、日在卯都是主星排列的必然性，既無旺弱，也沒有吉凶，不必在那上面花費太多的心思。

斗數有個常被忽略的性質，主輔或輔星因爲生光化電而形成一些特別格局，醞釀一些特殊的能量，例如命宮的陀羅、財宮的鈴星形成「鈴陀」異格，象徵異路功名，表示不循正常的軌道發展，而改從其他的方向反而可以驟發。不過異格不是形成就算，通常還要導向專業技術或特殊技藝，潛能獲得轉化，迅速獲利，瞬間致富。

分析至此，就算白玉蟾見到，也會點頭稱是；不過仍要做出結論，沒有結論，顧客一定抗議：「爲什麼不告訴我何時發財、何時破財？」命理學者費盡口舌，他們依舊不信，到處宣傳算命不準或不懂算命。有人問道：「這種命局是高是低？」以及「一生行運以何時最吉、何時最凶？」其實結構本身沒有吉凶之分，高低則可以略爲判分一二。大致上說，形成鈴陀異格，具備了異路功名的條件，成就應該不錯。

「那麼吉凶將帶來哪些作用？」破軍祿入於申，這是子女宮；貪狼忌入於子，這是父母宮。這兩件事都是親緣，若說有什麼大事臨身，必然都在親情的安頓上——重視卑親屬而輕忽尊親屬，易言之，疼惜子女而不顧尊長，這種對待關係經常引起誤會；性格如此改變，倒也無可奈何。幸好這只是一種抽象概念，命理畢竟無力探討親情緣分的厚薄，那些吉凶與我的關係不大，可以不忌。

「何時可以走到佳運？」

「甲寅大限屬於紫府廉武相的星群，結構相當強勢，足以扭轉乾坤，化腐朽爲神奇。」我解釋道：「廉貞化祿於財宮，這是如假包換的旺財運，把握良機，努力營運，將有大船入港，帶來頗爲可觀的財富。」

■

「我堂弟最近提出一份企劃案，他看準了上網是一種趨勢，要我出錢讓他經營一家網站公司。」劉小姐給我看那份資料，她說：「我對這個行業完全外行，甚至連上網是啥都很模糊。既然如此，我還能做嗎？」

「若要承擔成敗，看來就有點不足。」

其實每個人都適合進行開創，求名、求利或者其他，命理多半不置一喙，因爲那是人家的權利。不過選擇是一回事，選對選錯以及做了之後能否順遂則又是一回事；許多人混爲一談，以爲從命盤上完全能夠掌握選擇的方向和發展的軌跡，於是拚命搜索，設定哪顆星象徵功名、哪個宮位象徵財祿、哪個宮位象徵不動產，結果當然枉費心思。

「辨別的能力應該有，卻無法正確判其優劣，這是什麼緣故？」

天機 左輔 天鉞 丁巳	紫微 文昌 戊午 事業宮	鈴星 地空 己未	破軍 文曲 庚申 遷移宮
七殺 丙辰	甲寅大限的得失 癸巳年二月×日辰時		右弼 辛酉
太陽（忌） 天梁 地劫 天魁 乙卯	水二局		廉貞（祿） 天府 壬戌 財宮
武曲 天相 火星 甲寅 大限命宮	天同 巨門 擎羊 乙丑	貪狼 甲子	太陰 陀羅 癸亥

「因爲判斷一件事情的有無易，判斷一個推論的對錯難。」我補充說明：「後者牽涉了一些專門學問，包括方法學、語法學以及邏輯推理等等的基本素養，這種知識就不是人人都具備了。」

有些人缺乏創業意願，那麼做個老實上班族，生活無慮，就心滿意足了，老天偏偏開他玩笑，居然連走兩步事業旺運；有些人不想牟利，情願做個受薪階級，淡泊明志，也連走了二十年的財運。在這種狀況下，究竟表現一副老僧入定狀，抑或順勢縱身而入？恐怕就沒有人說得準了；我的意思是，這些外境十分複雜，命理根本掌握不到。同樣的困境，當一個人蓄勢待發，積極投入名利追逐的行列，遇到的不是靜運（祿忌均不照）就是壞運（照忌不照祿），造化弄人，莫此爲甚。

劉小姐初出茅廬就走了好運，甲子大限廉貞化祿於戌，夫宮也，此時年紀尚輕，作用也許不顯；該祿照辰，這個辰就是事業宮。乙丑大限天機化祿於巳，這個巳則是如假包換的事業宮。前爲斜照，後爲正照，連續的好運，讀書考試，多能如願，甚至畢業後踏入社會，也有極好發揮的機會。

「嫁到不錯的丈夫，與此時行運有關嗎？」

也許有關，也許無關。

走了好運，判斷事情的成功率高，挑到良偶的機率也高；但是能否締創一樁美好的婚姻，那就不是命理所能掌控了。婚姻受到姻緣的支配，這是一種特性；從另一個角度說，婚姻的成敗受到一些非命理因素作用，所以同命者有人鶼鰈情深，有人勞燕分飛，道理在此——當同命者都是幸福美滿或下場悲慘時，才算命理使然。

夫宮連續兩運受到祿忌牽引，芳心蕩漾，遇到心儀的對象時，心頭的小鹿就會亂撞，兩情相悅，旋即進入熱戀，發展成為終身伴侶。不過其間尚有一些差別，甲子夫宮見祿，吉祥在此，乙丑夫宮見忌，障礙在此，故二十二到三十一歲之間出閣，不算一個適當的時機。「肇致婚姻失敗、生離死別嗎？」「當然不會那麼恐怖，否則生而為人實在沒有意思。」我告訴她：「猝死是個意外，命理管不到那一段；婚姻受到姻緣支配，難以捉摸，這些現象都不是夫妻宮諸星強弱或祿忌照耀的問題。」

我們確信，同命者不見得都嫁到好丈夫，而丈夫不一定都在四十歲時夭折。

「命理連這種重大之事也斷不出，不知還有什麼功用？」

「視命理為無限，那才是天大的誤會。」

■

「創業好嗎？」

「這是一個選擇，命理從來不管人家怎麼選，而是樂觀其成。」

「那麼命理管什麼？」

「當事人決定之後，想要了解他是否具備，命理才會現身。」

三十二起大限到寅，武曲、天相與火星坐守，每個宮位都坐滿了諸星，結構強旺，相對於先天的弱勢，這顯然是一步強運。在強運中，處事待人，比較可以得心應手，因此積極投入，可望得心應手。

此限廉貞化祿於戌，財宮也，世俗說她正在走財運，環境對求財有助，積極營運，進帳可觀，致富何疑。不過走財運只是內心振奮，發財的心甚殷，不必然發財，否則就會變成一種定命思想。

「若不求財，也會得財嗎？」

「當然無財可得。」

傳統命理認爲走財運必然得財，正如走破財運必然破財一樣，而忽略必要的手段，任何人必須將本求利、與人金錢來往，才會造成得財或失財的後果。有些大師指出，走了財運就算不努力求財，手頭也會寬鬆，不虞阮囊羞澀也；例如現在口袋雖空，明早起床，又是滿滿的一袋現鈔。現代的理論是「你不去呼應，就不可能擁有」，關係建立在現實環境的呈現上，也就是跟錢財結緣，否則鈔票不會自投羅網。舉個例說，幾年前股市正在狂飆，有些人仍然一副不動如山的態勢，那麼就得不到一張股票。這種理念到了近代才被建立，一般還不太能適應，偶爾聽到算命先生亂蓋：「太陽化忌於卯，這是先天事業宮，事業殺機早伏，一旦開創，旋即破去，然後災禍降臨，劫數難逃。」事情的發展當然不會那麼單純；這種宮位關係相當複雜，需要一些說明。

一般來說，先天結構無論優劣，已經定型，再也無力改變了，行運是後天的流程，可以做些調整——調整努力的方向也；調整後有時變好，有時更壞，沒有一定的理則，概由主輔星曜與祿忌決定，所以不懂推運，就會在先天結構中盤旋，在基本星曜中胡亂杜撰，擾亂了一個人的生長軌跡而已。

根據「命運分離」的原則，先天命志在描述基本結構的優劣，後天運則是分辨運程的消長，分開討論，各表其中的榮枯；換句話說，在行運中，先天結構的旺弱與祿忌的落宮不妨暫時擱下，而專門考察現階段運程的興衰，除非那是一個重大的抉擇，需要回過頭來斟酌原始結構，觀察命中是否具備。

此限空宮高達兩個，外境看來極其弱勢，最好別輕舉妄動；從結構觀之，命宮的陽梁反而變成最旺的一個，因此主觀意識強烈，外人很難撼動她。「命強三方弱，外境殘缺，運途宛如風中之燭，還指望獲致名利嗎？」確實有點困難；命宮象徵心理狀態，主觀意識頗強，擅於自我判斷；自認可以大發，做了之後，方知外境的變數實在太大，根本掌握不到。煞星照入，可能擾亂了平靜的心湖，也可能增強她的意念。

巨日與機月同梁重疊，各爲一半，不過看來都相當殘缺，職是之故，她的思想觀念、行爲舉止都是片斷而且破碎的，承受現實的考驗也較爲稀鬆，不會從整體結構加以考量，所以多半被斷爲一步劣運，最好別做重大抉擇，蓋不易面面俱到。幸好只是行運的偶遇，十年匆匆易過，接著就會再銜接其他的強運。運程儘管起伏不定，其中的吉凶仍要考察祿忌的落宮，從別的方面獲致的永遠只是一個假相。

㈠天機化祿於巳，福德宮也。

㈡太陰化忌於亥，財宮也。

命理的吉凶各自表現，顯示不同的功過，如果只想獲致一個答案，就會大失所望。

天機 左輔 天鉞 丁巳	紫微 文昌 戊午	鈴星 地空 己未	破軍 文曲 庚申 事業宮
七殺 丙辰 大限命宮	癸巳年二月×日辰時 丙辰大限的得失 水二局		右弼 辛酉
太陽 天梁 地劫 天魁 乙卯			廉貞 忌 天府 壬戌 遷移宮
武曲 天相 火星 甲寅	天同 祿 巨門 擎羊 乙丑	貪狼 甲子 財宮	太陰 陀羅 癸亥

一般認爲福德既與財宮遙對，利害與共，不能厚此薄彼，如今祿忌交替，這種吉凶就很難分割了，他們於是問道：「吉凶又該如何判別？」算命先生多半斷爲「吉凶參半」或「既吉又凶，吉處藏凶，樂極生悲也。」其實吉凶的關係相當明確，祿在福德，開闢財路、投資理財，成功率高；忌入財宮，障礙乍現，財物的收支受到摧殘，無力克服。

一些朋友指出：「財福二宮相輔相成，最好都呈吉祥狀態，那就美妙了。」確實如此。

命運多舛，好事本來就鮮少，就算降臨，通常也是一閃即逝，俗話說的「福無雙至」，人生無奈，莫過於此；不過也不會完全活不下去，否則做人未免無趣。如果乙卯大限曾經虧空，甚至更慘，居然負債累累，亟待轉運後出現新機，那麼這種運程的得失又該如何辨識？一個朋友說：「丙辰大限七殺坐命，這個窟窿想要回塡，就困難重重了。」也許如此；不過光用七殺一星仍然不足以討論成敗。

■

佛教的天界包括欲界天、色界天和無色界天，統稱諸天，其中欲界天計有六層：四天王天、忉利天、夜摩天、兜率天、樂變化天和他化自在天，跟人間最密切的算是忉利天，又稱三十三天，分東南西北四個地域，每域各有八天，中央一天由釋提桓因管轄，他就是俗稱玉皇大帝。天人因爲福澤深厚，衣食住行，念頭一動，眼前立現，而不必勞動；人道眾生缺乏那種福氣，通常是想多得少，不如意事十之八九。

命理做爲一種祿命工具，只能隱約觀測內心變化的軌跡，從結構中觀察到的任何一個結論，都只是內在世界的想像，並非傳統學者認定的那是一個眞實的外境。

丙辰大限七殺坐守，殺破狼結構強大，動量可觀，但因無煞，仍然只想安於現狀，五十二歲以後的人生已如日薄西山，沒有多少人想再波動，因此運程究竟強弱，關係前程不大。遷移宮見天府，又稱天府朝垣，輔弼不照，在外遇到的這個帝星只是一個孤君，只謀自己的福利而不管別人的死活，過度依賴他們，就會感覺受騙。

柔和的運程顯示柔和的心境，此去缺乏激力，只能守成而無法大躍進，劉小姐說：「我若大破大立，必然招來災難，導致失財、損福甚至惹上官非，有這種說法嗎？」降災肇禍是誇大其詞啦，白忙一場才是真的；災難都是偶發事故，發生在少數人的身上而不發生在同命者身上，不必杞人憂天。

天同祿入子女宮，親子關係增進，妥善照顧，讓他們有個安心成長的空間；此時，子女多半長大成人，所謂的關心不外乎幫他們創業或完成終身大事。她想到一個問題：「既然如此，搬去跟他們同住可行嗎？」這是一個現實問題，宜從現實中加以考量而不應交給命理。廉貞化忌入遷移，外緣欠佳，從事涉外事務，難免出現一些攔路虎、絆腳石之類的阻礙，前程有阻，難以克服。

好事不入命，顯然與我無關，祈求庇蔭事業成功，求財順暢，恐要白費力氣；相反的壞事臨身，運勢阻滯，災禍連連，所以這是一步凶運，避之唯恐不及。「怎麼個凶法？」在外緣和人際關係上極易招惹是非，招來惡評，難以招架。

「嚴重嗎？」

「晚年時刻一切歸於平淡，故無大礙矣。」

丐幫長老

「命理主張有所謂的乞丐命嗎？」

「當然沒有。」

「閣下認為沒有，還是古籍沒有記載？」

「命理只是一種研究命運興衰的程式，這種程式最好設計得盡善盡美，猛瞧一眼，命運興衰、六親榮枯，盡窺眼底。遺憾的是，這個程式顯得支離破碎，推論能力恐怕有限，過度相信這些片面之詞，就會深陷宿命的窠臼，難以自拔。」

「那麼一個人必須沿門托缽，討些殘菜剩飯裹腹，究竟哪些因素造成的？」

根據研究，乞丐多半是環境造成的，在從前的年代，兵荒馬亂，百姓流離失所，無以為生，只好淪為丐幫分子，或者年冬不好（久旱不雨），農作歉收，四處打工流浪，過著吃了午餐不知晚餐在哪的日子。此外每個朝代的末年，政治腐敗，兵變四起，民不聊生，許多人棄家四處逃亡，只好討飯維生，這種現象在歷史上堪稱司空見慣。

還有別的因素嗎？

那當然；有些人生性懶散，有些人身帶殘疾者，因為無力謀生，也會讓人沉淪。從前還有一種現象，有些小孩被算命先生批斷可能剋死父母，於是趁著月黑風高，把孩子交給一個丐幫老大，從此浪跡天涯，直到父母雙亡後，才終於返回故里，繼承祖業。

農業時代生活條件極低，吃的用的都是土裏長出來的，只要擁有幾畝薄田，努力耕種，餓不死人的；不過想要致富，那就困難重重了。多數人也許會問：「隔壁那個老張辛勤奮鬥一輩子，依舊苦哈哈兼窮兮兮的，生活品質跟乞丐沒有兩樣，這又是什麼造成的？」這種問題的內情相當複雜，牽涉內外各種因素，三言兩語，述說不清。如果勉強討論一二，內在條件約指命運的弱勢，無法改變現況，外在條件則指環境的阻礙，難以克服甚至超越。踏入社會後，每個人還要經歷了一些狀況，包括選擇與機遇，都能改變一個人的命運架構，變好或變壞，所以不能置若罔聞。

乞丐若是命理因素造成的，那麼問題就會變得很棘手，蓋同命者屆時都會淪落丐

武曲 祿 破軍 陀羅 己巳	太陽 右弼 庚午	天府 擎羊 辛未 命宮	天機 太陰 左輔 天鉞 壬申
天同 戊辰	男命 己酉年五月×日亥時 土五局		紫微 貪狼 火星 癸酉
文曲 忌 丁卯 財宮			巨門 地劫 甲戌
鈴星 丙寅	廉貞 七殺 丁丑 遷移宮	天梁 地空 天魁 丙子	天相 文昌 乙亥 事業宮

幫，彈著月琴、唱著蓮花落，從這一村流浪到那一村；其間也許還會如同武俠小說的描述，一個六袋長老出現江湖，憑著一本祖傳祕笈、一支打狗棒，雄霸武林世界。

■

八字有個傳承已久的觀念，先天沒有的，就到後天去找，譬如命中缺木，這個木剛好就是正偏財，那麼就要等到行旺財運時巧遇財神爺大駕光臨，才能發財。「斗數可以比葫蘆畫瓢嗎？」答案是肯定的；財宮不旺（空宮、雖有主星卻無輔星），物慾原本不盛，無力承擔大量的物質，原本就不指望致富，但因連續走了好幾個旺財之運，內心振奮，從此改弦易轍，也許能夠獲得期待已久的財物。

「萬一後天行運又付之闕如，那又該如何？」

那只好繼續苦哈哈兼窮兮兮了。

從事電腦資訊業的簡先生交大畢業，算是科班出身，他服完兵役後先在台北一家資訊公司任職，兩年後回到台南老家開了一家電腦公司，業績馬馬虎虎。大學時代他玩過斗數軟體，還設計了一套程式，遺憾的是生吞古賦，一宮接著一宮，一星接著一星，被識者取笑，於是自行銷燬。他說：「太晚讀到大作，否則我的程式絕不會那麼菜。」有一天他問我：「天府坐命，主富或主貧？」我答：「你爲什麼不自己判斷？」「孩子要讓別人來教，命運也要別人代看，古有明訓。」我承認孤陋寡聞，從未聽過那種事，發明家愛迪生就是由母親啓蒙的，學校大概教不了這種曠世奇才。命理結論不是一個簡答題，給個答案就拉倒，那對一個人的成長沒有助益——命運著重分析，而分析一個命局的優劣、高低需要長嚴謹的推論，邏輯的辨正，對研究者而言，這是一個高難度的工作。

天府與擎羊坐命，天府為南斗帝座，有股君臨天下的氣勢，眼光高、口氣大，喜歡頤指氣使，但難免眼高手低，懷才不遇；擎羊性剛，有筆如刀，有舌如劍，妥善運用，迅速獲得名利，稍一不慎就會傷人，帶來無窮的禍害。

「好像很準，我無疑的就是這種人。」他爽快地說：「我天生性格剛烈，得理不饒人，別人有負於我的，我必定據理力爭，因此多次發生衝突事件，一些交往十幾年的朋友都拂袖而去了，不知如何是好。」

帝星坐照，需要輔弼照耀，七月生人輔弼不入亥卯未之宮，因此那是一個孤君，顯示性格孤獨冷峻，性喜單打獨鬥，自我肯定。三方所見，紫府廉武相的星群，穩定中略帶一些沖激，但不若殺破狼那樣殺氣騰騰，威猛無比；照吉多於照煞，性格溫厚、溫文有禮，守己守分，不致橫柴扛入灶。

「這種命局適合求財嗎？」

「答案是否定的。」

這個答覆也許不在他的預期之內，老簡於是說：「我雖非錙銖必計，見錢眼開之輩，人總要生活，過去是琴棋書畫詩酒花，現在改成柴米油鹽醬醋茶，開門七件事樣樣眞實，也樣樣現實。」其實沒有人叫他不必生活；命中最弱的就是財宮，往這種方向發展等於暴露了缺點，豈能輕安！缺乏主星的宮位最弱，化忌所在的宮位最劣，兩者皆在財宮，避免暴露出來，才能無咎。

財宮既無主星又坐忌，錢途暗淡，不淪爲丐幫分子，就已皇恩浩蕩了，還想發財嗎？老簡猛瞧一眼，當場大驚失色說道：「慘啦慘啦，既無又破，破到脫底了，簡直無藥可救。」不過有人說，負負得正，忌入財宮反而帶來財物豐收，不但不慘，說不定還會發得金光強強滾呢！其實化忌指出一生障礙的所在，該障礙顯然就在財物支配上，一旦經商或與人金錢來往，難免要吃悶虧。但這不表示不能致富，就像有些朋友殘障，仍不礙他們功成名就一樣。

多數人普受傳統命理所惑，先入爲主地認爲煞忌都是凶星，因此確定「見忌的人思想悲觀，態度消極，從此不再積極進取，而是否定人性的光明面，把所有的狀況都翻轉過來。」當然不可能那麼簡單明瞭，雖然有些人即使家財萬貫，卻生性吝嗇，拔一毛而利天下不為也；例如有錢人以花錢為樂，如今變成一個守財奴，不知又有什麼意義。

「財宮空虛，一個敗筆，現又逢忌，屋漏偏逢連夜雨，有此顧忌，不敢揮霍，因此一個錢打二十四個結，終於變成一個守財奴。」

這點倒是有點可能。

■

判別一個人成就的高低，通常需要蓋棺論定，在某個階段就驟下斷語，極易以偏概全；不過有些人一生庸碌，又好吃懶做，一事無成，大概五十歲左右就能確定。在泡沫經濟時代，財物累積迅速，旦夕之間，有些人掌握機先，兩三年內就爆發幾億甚至幾十億，把全世界理財專家的眼鏡都跌爛了。

運是後天時段的預估，作用相當清楚，觀測起落的狀況也；舉個例說，有人從高雄開車到台北，全程四百公里，姑且以五十公里為一個階段，那麼就有八段，在命盤上，順行者走到疾厄宮，逆行者走到合夥宮，論年紀，大概都已屆古稀之年了。我們評估各種路況的關係，發現其間的良窳，等於預知此時內心的強弱和環境的吉凶，在茫茫前程中，這是一盞明燈，讓人受用無窮。例如台南到新營之間的路況宛如台一省道，時速六十已足，太快難保不翻車；嘉義到員林屬於山路，四十公里可也，員林到彰化則是高速公路，則不妨加足馬力，風馳電掣一番。

「行運不濟，前程布滿荊棘，又該如何自處？」

「那就要暫時停止胡思亂想，坐下來好好反省，瞧瞧過程究竟出了什麼事，然後尋求解決之道。」這方面需要一些冷靜的思考、客觀的觀察，而非推諉塞責。運程描述的依舊只是內在世界變化的軌跡，看清此時的心理狀況，做爲階段性攻守的參考。

老簡目前大限到巳，武曲、破軍坐命，結構不錯，能夠作爲，不妨把握良機。運程是活動的，每個階段匯聚的星曜可能相同，也可能不同，但多半會有一些變化，目的在於充分描繪此時內心變化的脈絡，做爲處世的參考。

行運佳美，等於走上康莊大道，時速可達一百二，招搖過市，非常搖擺；好運庇蔭事業發達，物質豐盈，然後吃香喝辣，誠然人生一大樂事也。但是現實中還有一些計

較，同命者結構雖無二致，因爲外境和個人的選擇不同，成就於是出現差異，這是一定之理；由於人生境遇的變數非常之大，沒有人能夠充分掌握，因此單純地判別誰的成就高，那是「挾泰山以超北海，是不能也，非不爲也」。老簡說：「武曲先天化祿，再逢大限化祿，雙料的祿吉，發起來金光強強滾，烏魚炒米粉。」那就太樂觀了。

命理評估吉凶採取單一記法，無論先天後天（包括流年），永遠都只用一種祿忌，顯示一種吉凶，絕不重複；因此先天武曲祿到了大限後就自動消失了，大限己干化出的武曲祿才是眞實存在的——己巳大限武曲化祿，命宮坐守。如果堅持使用兩祿，認爲雙料的祿必然帶來雙料的財，當然是很過癮的，卻無實質的作用。

「化忌呢？」

「文曲忌於妻宮，比照辦理。」

雙料的文曲忌勢必帶來雙重得傷害、雙重的災難，讓老簡他們吃不完兜著走。不過我們堅持大限化出的才是眞忌，該忌的所在目前正是妻宮，因此婚姻生活備受干擾，重重受挫，頻生齟齬，古人的說法沒錯。

己巳 武曲祿 破軍 陀羅 大限命宮	庚午 太陽 右弼	辛未 天府 擎羊	壬申 天機 太陰 天鉞 左輔
戊辰 天同	己酉年五月×日亥時 己巳大限的消長 土五局		癸酉 紫微 貪狼 火星 事業宮
丁卯 文曲忌			甲戌 巨門 地劫
丙寅 鈴星	丁丑 廉貞 七殺 財宮	丙子 天梁 地空 天魁	乙亥 天相 文昌 遷移宮

命宮坐祿吉者穩定而有自信，樂觀積極，守株即可待兔，故能享受財福，自古即以吉論。老簡說：「命宮坐祿跟財宮坐祿雖然不同，不過從三合宮（巳酉丑三合）看，這個祿對財仍然受用，我能靠它獲財嗎？」那是毫無疑問的；斜照的吉力稍遜，也許只剩一半的吉力，不過總比照忌好，對吧？

「我對金錢沒有概念，覺得有得花就行了，不跟別人一樣努力囤積，把時間精力全耗在那些數字上。有一陣子哈錢哈瘋了，才體驗到金錢雖非萬能，沒錢則萬萬不能，這輩子至少要花一部分的時間求財，否則未免愧對列祖列宗。」

這種轉變是好是壞、是吉是凶，恐怕就沒有定論了。

德國哲學大師康德二十六歲當上大學教授，他立刻面臨一個抉擇：成家或打單身，因爲一旦選擇成家，那麼他就得努力賺錢養家，沒多少時間研究他喜歡的哲學。幾經考慮，最後放棄前者，他說：「雖然我有好幾次成家的機會，我還是決定不要，因爲婚姻確實會妨礙我的工作。」終於成爲十八世紀最有名的哲學家，他的《純粹理性批判》、《實現理性批判》都是經典之著，影響後世至深。

命盤上，祿忌到處飛竄，無法預期它會落在何宮（命盤排出，就能完全掌握），無論落入何宮，都會表現截然不同的結局，不過己巳大限似乎例外，蓋祿忌關係錯綜，很難只瞧一眼就判出吉凶。

傳統命理有個沿襲了幾百年的陋習，推論過程無論簡單或者繁複，最後都要說出一個明確的答案，習慣所成，很難改變。「別談太多的道理，我對你們的理論毫無興趣，告訴我何時會發、發多少就行了。」算這種命未免太簡單了，隨便提示一兩個結論，準不準或合不合理先別管，反正那是以後的事。

■

先天財宮微弱，財物的承擔力不足，難以驟發，貿然求財，困難度極高，做得七顚八倒，自然需要改弦易轍，重新調整志向；但是改變心境是一件高難度動作，例如有人忽然創業、改行或其他的行爲，亟需賺錢挹注，這是環境所迫，不得不繼續往前衝去，結局就令人擔心了。

命理最大的功能在於規劃，不管目前從事何業、成敗如何，稍做一些評估，凡是背離基本命格太遠，便是不適性，做不出成就感，浪費青春而已。簡君了解這番道理，卻也無奈；他爲財所迫，每天汲汲營營，正在努力暴露缺點，障礙現前，挫敗頻見，再不懸崖勒馬，就會愈走愈險，然後跌得粉身碎骨。

大限到辰，天同坐守，機月同梁的性質柔和，缺乏大沖激，凡事只能安步當車，緩慢進行。「空劫忌分別照命，劫奪財物，宛如飛鳥半空折翅，難道不是一種缺失？」空

武曲 破軍 陀羅 己巳	太陽 右弼 庚午	天府 擎羊 辛未	天機 忌 太陰 天鉞 左輔 事業宮 壬申
天同 大限命宮 戊辰	己酉年五月×日亥時 戊辰大限的消長 土五局		紫微 貪狼 祿 火星 癸酉
文曲 丁卯			巨門 地劫 遷移宮 甲戌
鈴星 丙寅	廉貞 七殺 丁丑	天梁 地空 天魁 財宮 丙子	天相 文昌 乙亥

劫只是輔星，並無吉凶的作用；事業宮的忌由大限化出，這個部分才算有用，事業遭到忌沖，造成起伏頻仍，無法判別任何一種經營的成敗，感覺前途茫茫。

星群依例只能顯示強弱、是紮實是空虛，也就是走到這個階段時，內心的感受是強是弱；大致上說，強運因爲內心振奮，得以支配環境，弱運則只有被環境支配了。現代經驗指出，強運中較能承受幸福與災難，開創或改變，手到擒來，而弱運通常只能守成。簡兄問道：「三方四正坐滿了主輔諸星，算強或弱？」宮位見主星即有承擔力，這種運程將擁有一些力量，讓他鼓其餘勇，開創名利。

「兄弟與夫妻均無主星，至弱無疑，我可能獲得他們的協助嗎？」當然很難；不過這些宮位依舊只是我的對待關係，弱是他老兄對這種關係缺乏自主性，也許不想在這方面麻煩他們。

「天同與右弼都是吉星，星吉則運吉，此後必然可望安度。」這種論法過度草率，必然通不過經驗的檢證。主輔諸星均不蘊藏任何的吉凶成分——吉凶概由祿忌決定，分布的位置和功用如下：

㈠貪狼化祿於酉，合夥宮也，擺明只能幫人成事發財，果能如此，那就無怨無悔。有些人私心較重，拔一毛而利天下不爲也，面對這種運程，就不知如何自處了。

㈡天機化忌於申，事業宮也，此去處理事業、執行業務，必有許多障礙出現，有些事業需要長期經營，那麼就會半途而廢導致血本無歸；若想驟發，業積拉到某個目標，更是困難重重。

經驗指出，祿入合夥宮，圖利他人，替別人作嫁衣裳，才算合乎此時的心境；忌入事業宮，破壞了事業的穩定性，執行事業總覺得有種無力感，難以克服。好事在別人那裏，壞事由我承擔，別人享樂我痛苦，好像我買鞭炮你來放，當然心有未甘。

「我若拒做合夥業也不想幫人成事，那麼這個祿是否回到我的命宮？」

「老兄簡直異想天開。」

「我一旦接觸事業，鐵定遭凶嗎？」

「此時新創，多半遭殃，蓋感應了化忌的負面效果，豈能稱心；貪狼祿的所在正好就是前限的事業宮，所以理應延續舊業，不但可以避凶，而且能夠繼續擴充。」我要他注意其間的消長：「前後運祿忌交替，一去一來，成敗的差別甚大。」

剛才說過，星曜沒有吉凶，不能說天同、右弼就吉，廉貞、貪狼就凶，否則便是在基本星辰中固定了吉凶，決定了一個命局的優劣，命理推論絕不可能那麼簡單。他們指出：「天同化福，坐命於此，福澤深厚，淵遠流長；享福的前提是有財，因此他在戊辰十年可望累積龐大的資產，讓他享用不盡。」

「如此這般，對嗎？」

「很難說對。」

「爲什麼？那可是千金難買的經驗呢！」

在基本星曜中賦予吉凶，將置祿忌於不顧，絕對是個錯謬；此外我們看到主輔諸星等於看到一個命格的吉凶，實在不能再討論什麼？古人因爲不知如何推論，只好在星曜中固定一個吉凶，一兼二顧；閱讀古籍，就不能不注意了。

■

根據《黃帝內經》的分類，四十二歲起進入人生的中期階段，此時閱歷豐富，能力高超，追逐財利成功率必高。在命盤上，丁卯大限無論經驗或者體力都處在巔峰狀態中，此去締創企業，多半想要做得天長地久。不過運程轉入卯宮後，內無主星，表示此時的內心空曠，所有的主星都在外面，故普受外境的作用。

戊辰大限中因爲經營不善而欠下債務，目前月光光、心慌慌，寄望在丁卯大限孤注一擲，若能趁此累積一點老本，於願足矣。簡兄問道：「可能還清嗎？」只要積極進取

而不扯爛污，還清債務還有什麼困難。不過他一瞧化忌居此，腿就軟了，於是嘆道：「化忌坐命，已經死了一半，還指望得財還債嗎？」其實不必那麼悲觀，該忌只是先天化出，早被我們棄置了；此限改用丁來化出——太陰化祿、巨門化忌，觀察此二星的落宮，就能確實判別運勢的吉凶。

太陰祿在申，合夥宮也，巨門忌在戌，疾厄宮也，祿忌均未照命，顯示這個十年並無直接的吉凶反應，凡事只能循序漸進而不能躁進也。

化祿的另一作用是指出奮鬥的所在，免得像沒頭蒼蠅那樣到處亂竄。祿入合夥宮，關係非常清楚，協助合夥人，幫他們成事發財；如果覺得只付出而不回收，不符經濟學的原理，那麼何不一起打拚，賺了錢分我一杯羹。

雖然無凶，卻也無吉，「也就是說，我要自求多福了。」

我說：「吉凶均不照命，缺乏激力，凡事只能按部就班。」

命理呈現的都是內心世界的變化，所謂逆命就是違逆命運的慣性，也就是違逆自己思想行為的慣性；逆其勢者宛如逆水行舟，必然感到層層的阻礙。不過障礙不那麼快就

武曲 破軍 陀羅 己巳	太陽 右弼 庚午	天府 擎羊 事業宮 辛未	天機 太陰祿 天鉞 左輔 壬申
天同 戊辰	己酉年五月×日亥時 丁卯大限的消長 土五局		紫微 貪狼 火星 遷移宮 癸酉
文曲 丁卯大限命宮 丁卯			巨門忌 地劫 甲戌
鈴星 丙寅	廉貞 七殺 丁丑	天梁 地空 天魁 丙子	天相 文昌 財宮 乙亥

蒞臨，也許要一段時間的發酵，然後發出如排山倒海般的力量，沖毀所有的計劃；當閣下驚覺時，人生秩序說不定已澈底被弄亂了。

「這是否爲一種定命思想？」

「定命思想指出今生所有的功過已定，有就是有、沒有就是沒有，全部寫在命盤上，知命理者深入其中，必能獲知命運的奧祕。」

「傳統的說法與現代經驗法則差異甚大，孰對孰錯，一時還不易辨識呢。」

「命理使用時間統計，每個時辰

照例有一群人誕生，命理結構毫無二致；由此觀之，討論的都是內在世界的起伏，把變化的軌跡觀測出來，讓當事人了解命運的優劣或高低，這種情形並不涉吉凶福禍，所以現代人的研究比較客觀，可以取代古賦甚至整本古籍。」

新舊兩限交換之後，有些人舊業繼續維持，但是另創一業，那麼新舊的得失有異嗎？當然有異。己巳與戊辰、戊辰與丁卯之間顯然都有一些差異在，所以在除舊布新之前宜先詳細考量，才能無咎。簡兄聽得興致盎然，他問：「丁卯與戊辰在延續或新創上，有何差別？」太陰祿在申，這個申爲舊業的事業宮，故舊業仍有發揮的空間。新業不受祿星加持，只能按部就班，走一步算一步。許多行業帶有業績壓力，在靜運中執行，多半焦頭爛額。

「巨門化忌於戌，舊業的遷移宮受阻，難道可以視若無睹？」

「舊業的外緣此後有敗，往外發展，不再像過去那樣得心應手也。」

丁卯大限爲先天財宮，原來的文曲忌已經刪除，全無作用，如果繼續抱住不放，許多事情就會糾纏不清；不過其中還有幾個特色，特地提示出來，給當事人參考：

(一)命宮空虛，主見薄弱，常因外境的變化而改變，無法堅持到最後五分鐘。

(二)紫府朝垣竟無輔弼，朝的只是一個孤君，缺乏他人的提攜，求人不如求己。

(三)火貪成格，這是一個武格，威鎮諸邦，從事波動性行業，得以揚名異域。

(四)火羊成格，這是一個異格，異路功名，從非正統的方向發展，反而迅速成就。

前二者都是缺點，一旦暴露，就會變成一種累贅，就算積極奮戰，仍有一種阻力難以克服；後二者則頗有來頭，因爲成格，醞釀了特殊潛能而能瞬間沖發。現在的問題是：「諸星都在三方，顯示外境比內心強烈，這種現象可能帶來豐沛的財物嗎？若能，命那麼弱，承受得住嗎？」問題很多也很複雜，需要一些討論。

一般咸認兩者是衝突的，因此只能擇其一而爲，如果腳踏兩條船，則會相互抵銷，結果什麼都得不到；我們認爲兩者並存無礙，各自發展，也各自成就——命無主星，意志薄弱，極易受惑於外境；但是遇祿沖發，仍會瞬間獲致名利。

「命宮一空，再好的福澤都無力消受，不知還能怎樣踴騰？」

若照傳統的理念，空主無，什麼都沒有，徒勞無功兼空留回憶而已；若依現代的理

念，空主弱，承擔災福的能力不足，但多少還有一些，不致白費力氣也。無論命運如何顯示，人必須努力工作，才能獲得生活之資，在物質豐盈的台灣，沒有人會餓死，多半是吃得太飽而撐死。

■

二十年內走不到好運，乏運濟助，載浮載沉，嚐盡人間冷暖，看盡世態炎涼，無語問蒼天，因此亟待否極泰來，走到旺運，藉以異軍突起，獲致名利；這是人之常情。命理承認每個人都會有一兩步好運可走，然後發揮長才，攻獲一些名利。但所謂的好運又是一個怎樣的運，究竟利事業、利財抑或利遷移、夫妻，其間仍有些許差異在，不能一概而論也。

觀其運程，老簡的化祿一直都在命宮盤旋，二十年內，心情開朗，性格樂觀，蓋化祿有穩定、自信與享受等正面的效果，不過庇蔭事業、財物仍嫌有不足，所以感覺不出什麼優點，也是一個事實。

歲月匆匆，終於進入丙寅大限了。經驗指出，晚年最好歸絢爛於平淡，從此淡出江

武曲 破軍 陀羅 己巳	太陽 右弼 事業宮 庚午	天府 擎羊 辛未	天機 太陰 天鉞 左輔 遷移宮 壬申
天同 祿 戊辰	丙寅大限的消長 己酉年五月×日亥時 土五局		紫微 貪狼 火星 癸酉
文曲 丁卯			巨門 地劫 財宮 甲戌
鈴星 大限命宮 丙寅	廉貞 忌 七殺 丁丑	天梁 地空 天魁 丙子	天相 文昌 乙亥

湖，含飴弄孫，頤養天年，那才是一種福氣；因此無論殺破狼或者機月同梁，當祿忌不來牽引，此時心靜如水，隱遯的心願可望達成。老簡有那種福氣嗎？最近他還在頻頻詢問：「我是天生的勞碌命，事業尚未成功，奮鬥還須持續，但是環境允許嗎？」有人提供一種古法，身宮志在觀測後半段的生涯，他的身宮在酉，紫貪坐守，殺破狼兼紫府廉武相重疊，相當強勢，煞忌照耀，凌駕於命宮許多，註定終生勞碌，難享清福。

「身宮之說可信嗎？」

「從結構的功能看，身宮是多餘的宮位，最好刪除，才能無惑。」

「古人置此一宮，又爲什麼？」

那就不清楚了；假設身宮的功能與行運衝突，後半段的運程多爲靜運（祿忌不入三方四正），一點都不覺得需要奔波，那麼相信身宮抑或行運？有人說：「前者，那麼就要置歲運的得失於不顧；有關行運的討論變成毫無意義。」

論年歲，此去已經有點遲暮，論運勢，則處於緩慢狀態，好像走在下坡路上，只能小心駕駛。人生至此，多半已經到了盡頭，有什麼天大的本事，該發揮的都已發揮殆盡了；如果繼續庸碌，表示沒有本領，那就該認命。曾有六十餘歲者問我：「老弟，你看我做哪行好？」這種話問得我膽顫心驚；他也許眞心討教，也許只是想考我能否斷出他的行業，不然一個人活到那種歲數，還在爲事業找尋方向，豈非白活了。

原則上說，缺乏強勢運程的推波助瀾，內心欲振乏力（或者不想振作），欠缺強烈的使命感，想要成就，當有困難；不過有些行業例如賭博、期貨、短期股票炒作，靠的是運氣，也許可以考慮。「既然連正當經營都倍感艱辛，還敢涉足投機行業嗎？」說的

也是；即使如此，貿然投入者仍大有人在，結果如何？當然有人成功，有人失敗，可見這種事跟命理的關係並不密切，而與運氣、福報有關。

「哪種人受創最烈？」

「先天命局壯闊，自覺能夠力拔山河氣蓋世，然後拍拍胸脯，縱身而入，就會被淹沒在萬丈紅塵中。」一般人稍微受創，也許覺得前途茫茫，立刻打退堂鼓，然後自我解嘲，說些不著邊際的話來自我安慰。

如果套用股市的術語，這種命局甫一開盤就一路下滑，好像坐在滑翔翼上，頃刻間跌到谷底，令人錯愕。雖說到了丙寅大限終於止跌，但是此去體力、毅力都已不如年輕時代，就算鼓其餘勇，能否起死回生，就不是我們能夠預測了。

【附錄】了無居士著作一覽表

了無居士著作一覽表

在命理的探索中，多次遭遇困境，難分難解，一些屬於個人智識不足，只能依靠自我學習加以克服，一些來自外界的質疑，讓我存有戒心。例如有人指出：「自古以來，命理被歸於玄學，有別於一般的世間學問，使用方法學和邏輯學探討，好比『豬母牽到牛墟，白白了憨工』而已。」顧名思義，玄學就是談玄之學，跟形而上學近似，所以各抒己見而欠缺一個準則，也無須獲致一個答案。「命理眞的是玄學嗎？」答案當然是否定的。「理」就是規則、道理，所以命理也是一門社會科學，仍須使用方法學加以規範，獲致的結論才算客觀而且有效；相反的寄望三十三天的神仙傳授祕笈，那只是一種虛妄。雖然如此，這個世界偏偏有人自詡爲神仙，這才値得我們重視。坦白說，命理若是玄學，我才懶得研究呢！「那要做什麼？」也許改寫小說或參禪去了。當然啦，就因爲自古被定位爲玄學，所以歷代以來，學者寫出的文章才會故弄玄虛，充滿囈語。

寫作是件苦差事，尤其每天固定寫稿，幾乎變成一個寫作機器，煮字療飢，眞是始料未及。十年耕耘，成果頗豐，著作陳列於下，歡迎選讀並敬請指教：

【八字系列】

《現代人的八字》（高雄河畔版，一九九二年增訂）

《八字的世界》（高雄河畔版，一九九二年增訂）

《子平眞詮現代評註》（龍吟一九九二年版）

《用神精華現代評註》（禾馬一九九五年版）

《命理一得現代評註》（禾馬一九九五年版）

【斗數系列】

《紫微論命》（高雄河畔一九八四年版）

《現代紫微》（共七冊，龍吟一九九三年增訂）

《紫微改錯》（龍吟一九八七年版）

《明天他們將做什麼》（時報一九八八年版）
《斗數宣微現代評註》（上下兩冊，時報一九八九版）
《木刻版陳希夷紫微斗數全集現代評註》（時報一九九〇版）
《斗數疑難一百問答現代篇》（時報一九九一年版）
《斗數疑難一百問答古典篇》（時報一九九一年版）
《看誰在主宰台灣》（龍吟一九九二年版）
《紫微論命不求人》（時報一九九二年版）
《立委選戰，鹿死誰手》（龍吟一九九二年版）
《星空燦爛——技術分析篇》（時報一九九三年版）
《紫微之路之江湖傳奇》（禾馬一九九四年修訂版）
《紫微之路之煙花傳奇》（禾馬一九九四年修訂版）
《紫微之路之鴛鴦傳奇》（禾馬一九九四年修訂版）
《命理無理》（時報一九九五年版）

《紫微桃花》（禾馬一九九五年版）

《祕咒揭開．斗數骨髓賦現代評註》（上下兩冊，時報一九九七年版）

《陳希夷檔案之命盤解碼》（蓮花一九九九年版）

《陳希夷檔案之星群解析》（蓮花一九九九年版）

《陳希夷檔案之推論解說》（蓮花一九九九年版）

【其他部分】

《關公做天公》（高雄河畔一九八一年版）

《現代命理現代人》（共五冊，天相絕版）

《揭開鐵板神數的祕密》（龍吟一九九四年版）

《當陳希夷遇到董慕節》（龍吟一九九四年版）

《推背圖是假的》（禾馬一九九五年版）

《豬哥亮娶某》（禾馬一九九五年版）

《推翻姓名學》（禾馬一九九七年修訂版）

《陰間遊覽車》（禾馬一九九七年版）

《顛覆命運》（蓮花一九九八年版）

命理發展到今天也該瓜熟蒂落了，因此亟待擺脫傳統那種靈觸、談玄以及道聽塗說等等伎倆，老實回歸正統的研究，納入一個理論的層次，方符現代社會的需要。最近跟幾個朋友取得共識，未來將透過學術的探討，把八字、斗數做一些系統性的整理，包括祿命架構的建立、命理觀念的革新以及推論技術的檢討，一面就古法進行評估，去蕪存菁，一面創新規則，讓後代習命者有所遵循。我們堅認，一旦缺乏這種見識而只想延續古人的錯誤，祿命功能就只有繼續錯誤下去，永遠得不到釐清的機會，所謂的斷驗都是自欺欺人。一些朋友質疑說：「命理的架構早已設計完成了，也使用幾百年了，爲什麼還要浪費時間？」持此說法，未免過度樂觀；其實自古以來，多數的推論不過是一筆爛帳，命理研究方興未艾，有待我們的努力。

一部分的研究成果已經出爐了，曾於八十八年十月二十三日在台北市濟南路台大校

友會館公開發表，並請各界賢達指教；這個研究未來將成爲常態性，每年固定一個時間發表新的報告，也殷切希望讀者共襄盛舉。

依照往例，對本書或其他著作有任何異議，歡迎寫信到「高雄市四維三路五十七巷三十七號（凱撒大廈）十樓三室　了無居士工作室」，或在下午時間電話（**07**）**333-1219**，當竭盡所知，予以解說。

命理與人生⑫①

尋找財神

作者——了無居士
董事長——孫思照
發行人
社長——莊展信
出版者——時報文化出版企業股份有限公司
台北市108和平西路三段二四○號四F
發行專線——（○二）二三○六—六八四二
讀者免費服務專線——（○八○）—二三一—七○五
（如果您對本書品質與服務有任何不滿意的地方，請打這支電話）
郵撥——○一○三八五四～○時報出版公司
信箱——台北郵政七九～九九信箱
電子郵件信箱——ctliving@mail.chinatimes.com.tw
網址——http://publish.chinatimes.com.tw
主編——心岱
編輯——何國蘭
美術編輯——林堯涵
校對——黃忠霖、廖寧、彭珍
製版——鴻霖國際事業有限公司
印刷——富昇彩色印刷股份有限公司
初版一刷——一九九九年十一月十五日
定價——新台幣二八○元

⊙行政院新聞局版北市業字第八○號

國家圖書館出版品預行編目資料

尋找財神／了無居士著. -- 初版. --台北市--
：時報文化，1999 [民88]
面； 公分. --（命理與人生；121）
ISBN 957-13-3005-1 （平裝）

1.命書
293.1　88015039

ISBN 957-13-3005-1
Printed in Taiwan